찰나멸논증

Kṣaṇabhaṅgasiddhi-Anvayātmikā

역저자 우제선(禹濟宣 Woo, Jeson) 펜실베이니아 대학에서 철학박사학위를 받았다. 히로시마 대학 연구원, 펜실베이니아 대학 강사, 하버드 대학 연구 교수를 역임했다. 현재 동국대학교 불교대학 교수이다. 저서로 『요가행자의 증지』가 있으며, 논문으로 "Yogipratyaksa and Buddhist Theory of Momentariness" 등 다수가 있다.

찰나멸논증

1판 1쇄 발행 2013년 12월 15일
1판 2쇄 발행 2014년 9월 20일
옮기고지은이 우제선 **펴낸이** 박성모 **펴낸곳** 소명출판
등록 제13-522호 **주소** 137-878 서울시 서초구 서초동 1621-18 (란빌딩 1층)
대표전화 (02) 585-7840 **팩시밀리** (02) 585-7848
이메일 somyong@korea.com **홈페이지** www.somyong.co.kr

값 15,000원,
ISBN 978-89-5626-916-0 93150

이 책은 2009년도 정부재원(교육과학기술부 인문사회연구역량강화사업비)으로 한국연구재단의 지원을 받아 연구되었음(S-2009-A0173-00047).

찰나멸논증

Kṣaṇabhaṅgasiddhi-Anvayātmikā

刹那滅論證

우제선 역저

소명출판

책머리에

필자가 『찰나멸논증』을 공부하기 시작한 것은 대략 17년 전이다. 펜실베이니아 대학에서 박사학위 논문을 준비할 때에 故 할프파스 빌헬름(Wilhelm Halbfass) 교수님께서 이 논서를 추천해주셨다. 혼자서 독해하기에 결코 쉽지 않은 문헌이어서 많은 어려움을 겪다가 당시 히로시마 대학에 계시던 가츠라 쇼류[桂紹隆] 교수님과 함께 읽을 기회를 가지게 되었다. 두 대석학의 가르침으로 영역과 주해를 할 수 있었다. 물론 이 책에 어떠한 오역이나 오류가 있다면 이것은 전적으로 필자의 실수임을 밝히는 바이다.

불교 논서와 같은 고전을 번역하고 연구하는 일은 여러 가지 어려움을 야기한다. 대표적인 것이 핵심 용어에 대한 적절한 우리말을 찾기가 쉽지 않다는 점이다. 4~5세기에 활동했던 구마라집 삼장이 제시한 '空'이니 '色'이니 하는 용어가 아직도 그대로 사용되고 있는 것이 이 점을 단적으로 보여준다. 특히나 한역이 없는 후기 유가행파의 논서를 범어에서 우리말로 번역하는 것은 도전이라기보다는 차라리 모험에 가깝다. 어떤 국역은 너무 길게 늘어져 한 용어의 번역이라고 하기에는 거추장스럽고 어떤 국역은 너무 축약되어 그 의미가 알기 어렵다.

핵심 용어의 우리말이 제대로 선정되었는지, 각 논쟁의 문맥이 매끄럽게 표현되고 있는지, 이러한 화두를 함께 고민해준 제자들, 특히 김성옥 박사와 성청환 박사에게 고마움을 전하고 싶다. 또한 편집부터 교정까지 정성을 다 해준 소명출판 성영란 선생님께도 감사의 마음을 전한다. 이 책을 생과 사의 갈림길에서도 늘 여여함을 잃지 않고 수행정진하시다 원적에 드신 통광 스님께 바친다.

동국대에서 우제선

차 례

iii 책머리에

v 서설

xiii 약호

1 범어 교정본

35 번역과 주해

97 개요

109 참고문헌

117 찾아보기

서설

1. 저자, 라뜨나끼르띠

라뜨나끼르띠(Ratnakīrti, ca. 1000∼1050)는 후기 유가행파의 논사이다. 그는 스승인 즈냐나스리미뜨라(Jñānaśrīmitra, ca. 980∼1030)와 함께 인식논리학의 입장에서 인도불교 제 학파의 교설을 통합하고 있다.[1] 라뜨나끼르띠는 불교뿐만 아니라 브라만교와 자이나교의 사상에도 해박한 지식을 가지고 있었다. 후대의 티벳 사학자들은 라뜨나끼르띠가 불교학계와 인도 종교철학계에 끼친 심대한 영향을 기려 그를 하늘의 빛나는 별로 명명하고 있다.[2]

현존하는 인도 문헌에는 라뜨나끼르띠의 전기가 별도로 전해지지 않는다. 그가 누구인가 하는 것은 주로 티벳 역사서를 통해서 확인된다.[3] 『靑史』나 따라나타(Tāranātha)의 『티벳불교사』 등에는 라뜨나끼르띠와 관련된 사실이 다수 기록되어 있다. 먼저 그의 활동 연대는 인도 및 티벳에 잘 알려진 아띠샤(Atīśa, ca. 982∼1054)의 활동 시기를 통해 유추될 수 있다. 아띠샤는 비끄라마쉴라(Vikramaśīla) 사원에서 즈냐나스리미뜨라와 라뜨나끼르띠와 함께 주석하였던 것으로 알려져 있다. 인도 역사가인 찻또빠디야야(Chattopadhyaya)의 분석에 따르면, 그는 즈냐나스리미뜨라보다 연하이며 라뜨나끼르띠보다는 연상이었다.[4] 이 사실에 근거할 때 라뜨나끼르띠는 11세기경에 북인도에서 활동했던 것으로 추정된다. 11세기 당시 불교도의 지상과제는 刹那論이나 無我論 같은 불교의 핵심교리를 논증하고 自在神이나 아뜨만 같은 브라만교의 주요교리를 논파하는 것이었다. 라뜨나끼르띠는 이렇게 불교도와 外道가 활발한 이론적 논쟁을 벌이던 시기에 활동한 인물이다.

현대 불교학계가 라뜨나끼르띠를 주목하는 이유는 우선 그가 디그나가

1 즈냐냐스리미뜨라에 대해서는 Fauwallner 1932와 1961; Thakur 1987을 참조.
2 Chattopadhyaya 1967 : 131.
3 Ruegg 1970 참조.
4 Chattopadhyaya 1967 : 93.

(Dignāga, ca. 480~540) → 다르마끼르띠(Dharmakīrti, ca. 600~660) → 쁘라즈냐까라굽타(Prajñākaragupta, 8세기경) → 즈냐나스리미뜨라(Jñānaśrīmitra, ca. 980~1030)로 이어지는 인도 후기 유가행파의 적통을 계승하고 있기 때문이다.[5] 6세기에 디그나가에서 비롯된 후기 유가행파는 7세기에 이르러 다르마끼르띠에 의해 이론적 체계가 확립되었다. 그 후 8세기경에 쁘라즈냐까라굽타와 같은 논사를 거쳐 11세기에 즈냐나스리미뜨라와 라뜨나끼르띠에 의해 교학적인 체계가 완성되었다. 인도 후기 유가행파가 가장 번영했던 시기에 활동했던 라뜨나끼르띠의 사상은 불교를 포함한 중세 인도의 모든 종교철학을 선도했다. 그의 이론은 11세기의 인도 종교철학 전반의 주요한 흐름으로 자리매김했을 뿐만 아니라 그의 동시대는 물론 이후의 논사들의 사상에도 큰 영향을 주었다. 라뜨나끼르띠의 이론은 목샤까라굽타(Mokṣākaragupta, 12세기경)와 같은 불교 논사들에 의해 계승되었으며, 우다야나(Udayana, 11세기 말경)와 같은 브라만 논사들에 의해서도 자주 인용되었다.

2. 저작

라뜨나끼르띠는 후기 유가행파의 중심 논제와 관련된 총9권의 논서, 세부적으로는 10권의 논서를 남기고 있다.[6] 이 논서들은 불교논리학에 입각하여 불교의 핵심교리를 논증하거나 브라만교나 자이나교의 주요 교리를 논

5 Thakur 1975 : 9~10.

6 티벳 역사서는 라뜨나끼르띠가 밀교와 관련하여 다수의 논서를 저술한 것으로 기록하고 있다. 당시의 불교 논사들이 인식논리뿐만 아니라 밀교에도 정통했다는 점을 미루어 볼 때에 티벳 기록이 사실일 가능성은 상당히 높다. 하지만 여기서는 이 논서들을 소개하는 것은 생략한다.

파한다. 타쿠르(Thakur)가 편찬한 *Ratnakīrtinibandhāvaliḥ*에 입각해서 이 논서들을 살펴보면 다음과 같다.

① *Sarvajñasiddhi*

② *Apohasiddhi*

③ *Kṣaṇabhaṅgasiddhi*

이 세 논서는 불교의 교설 가운데 특히 후기 유가행파의 핵심 이론을 논증하기 위한 것이다. *Sarvajñasiddhi*는 불・보살이 一切智者임을 밝힌다. *Apohasiddhi*는 언어와 언어의 의미를 설명한다. *Kṣaṇabhaṅgasiddhi*는 '존재성(sattva)'을 논리근거로 하여 찰나멸을 논증한다. 이 논서는 논증하는 방식에 따라 둘로 구분된다.

③$_1$ *Kṣaṇabhaṅgasiddhi-Anvayātmikā*

③$_2$ *Kṣaṇabhaṅgasiddhi-Vyatirekātmikā*

③$_1$은 긍정수반의 형식으로 찰나멸을 논증하며 ③$_2$는 부정수반의 형식으로 찰나멸을 논증한다.

④ *Īśvarasādhanadūṣaṇa*

⑤ *Sthirasiddhidūṣaṇa*

⑥ *Santānāntaradūṣaṇa*

이 세 논서는 브라만교나 자이나교의 교리 및 불교 내의 다른 학파의 교설을 논파하기 위한 것이다. *Īśvarasādhanadūṣaṇa*는 브라만교의 니야야 학파 등이 주장한 자재신의 존재를 부정하고 그들의 논리근거를 논파한다. *Sthirasiddhidūṣaṇa*는 지속체의 존재가능성을 부정한다. *Santānāntaradūṣaṇa*는 外道뿐만 아니라 불교의 다른 학파에서 주장하는 他相續을 비판한다.

⑦ *Vyāptinirṇaya*

⑧ *Citrādvaitaprakāśavāda*

⑨ *Pramāṇāntarbhāvaprakaraṇa*

이 세 논서는 불교와 외도가 공유하는 주제를 다룬다. *Vyāptinirṇaya*는 인도논리학에서 중요한 개념인 주연관계의 결정에 대해 니야야 학파와 미망사 학파의 주장을 논박하고 후기 유가행파의 입장을 세운다. *Citrādvaitaprakāśavāda*는 인식의 과정에서 생겨나는 다양성 속의 단일성을 해명한다. *Pramāṇāntarbhāvaprakaraṇa*는 브라만교와 자이나교의 바른 인식수단의 종류에 관한 여러 가지 주장을 비판하고 바른 인식수단을 現量과 比量으로 한정한다.

3. 『찰나멸논증』과 그 구성

라뜨나끼르띠의 『찰나멸논증(*Kṣaṇabhaṅgasiddhi*)』은 즈냐냐스리미뜨라의 『찰나멸론(*Kṣaṇabhaṅgādhyāya*)』을 불교논리학의 논증방식을 통해 간략하고 명쾌하게 정립한 것이다. 이 논서는 다르마끼르띠 이래로 후기 유가행파의 논사들이 시도한 '존재성으로부터의 추론(sattvānumāna)'에 입각한 찰나멸론 입증의 전통을 계승하고 있다.[7] 『찰나멸논증』은 "존재인 것은 무엇이나 찰나적이다"는 명제를 논증하기 위한 것이다. 이 논서는 인과론의 입장에서 존재의 본성에 대한 세심한 분석을 담고 있어 불교학 및 인도철학 전반에

7 '존재성으로부터의 추론'에 대해서는 본역의 주4를 참조. '존재성'으로부터 찰나멸의 논증에 대해서는 또한 Steinkellner 1971; Gupta 1980; Tani 1997; Kyuma 2005를 참조.

기여한 바가 크다.

『찰나멸논증』은 그것이 다루고 있는 내용뿐만 아니라 논리를 전개하는 방식에 있어서도 주목받고 있다. 이 논서의 형식은 찰나멸을 부정하는 브라만 논사들과 이에 맞서는 불교 논사들의 대론으로 이루어져 있다. 라뜨나끼르띠가 사용한 二支作法의 논증식, 논리근거(hetu)를 통한 논증방법 등은 11세기의 인도 논사들이 어떻게 논쟁했는지를 보여줌과 아울러 당시의 논리학의 체계를 알려준다.

이미 라뜨나끼르띠의 저작을 소개할 때에 언급했듯이 『찰나멸논증』은 「肯定隨伴体(Anvayātmikā)」와 「否定隨伴体(Vyatirekātmikā)」로 세분된다. 전자의 논증방법은 귀류법(prasaṅga)과 귀류환원법(prasaṅgaviparyaya)이며, 후자의 논증방법은 '모순인 것에서 논리근거를 부정하는 인식수단(viparyaye bādhakapramāṇa)'이다.[8] 본서에서 시도하는 번역과 연구는 「긍정수반체」로 그 범위를 한정한다.

「긍정수반체」는 목차의 구성상 즈냐나스리미뜨라의 『찰나멸론』의 「긍정수반장(Anvayādhikāra)」에 해당된다. 하지만 실제의 내용은 이 논서의 다른 장인 「변시종법장(Pakṣadharmatādhikāra)」이나 「부정수반장(Vyatirekādhikāra)」에서도 많은 구절을 인용하고 있다. 『찰나멸논증』 더 구체적으로 「긍정수반체」는 크게 여섯 부분으로 구성되어 있다.

0 서언
1 논증식
2 논증의 방법
3 찰나멸 논증 I
4 찰나멸 논증 II
5 결어

8 귀류법 등 주요 개념에 대한 상세한 설명에 대해서는 본역의 해당 부분의 주해를 참조

여기서 논서의 핵심이 되는 부분은 위의 3과 4에 해당하는 찰나멸 논증 I~II이다. 이 두 부분은 모든 존재가 찰나멸한다는 명제를 논리근거(hetu)인 '존재성'을 통해 입증한다. 따라서 논의는 '존재성'이 그릇된 논거(hetvābhāsa)라는 반론자의 주장과 이것을 논박하는 라뜨나끼르띠의 대론 형식으로 이루어져 있다. 두 부분 중에서 찰나멸 논증 I은 논증의 개요이며, 찰나멸 논증 II는 상세한 논증이다. 이들 각각은 그릇된 근거의 세 가지 유형과 그것의 세부 유형에 따라 다음과 같이 구성된다.

3.1 不成因(asiddha)

3.2 相違因(viruddha)

3.3 不定因(anaikāntika)

4.1 불성인

4.1.1 논리근거가 의심스러운 불성인

4.2 상위인

4.3 부정인

4.3.1 논리근거가 추론의 주제에만 있어 공통되지 않는 부정인

4.3.2 논리근거가 異品(vipakṣa)에 부재하는 것이 의심스러운 부정인

4. 범어 필사본과 교정본

『찰나멸논증』의 번역연구를 진행하기 위해서는 정확하고 치밀한 범어 교정본을 확보하는 것이 무엇보다도 중요하다. 기존의 교정본은 다음의 두 가지가 있다.

① H. Shastrī, *Six Buddhist Nyāya Tracts*(1910)

② A. Thakur, *Ratnakīrtinibandhāvaliḥ*(1st ed. 1957, 2nd ed. 1975)

샤스뜨리 교정본은 12세기에 기록된 벵갈리 필사본(The Asiatic Society of Bengal, Śāstrī 35〈4744〉)에 기반을 두고 있다. 이 필사본은 상당수의 폴리오가 부분적으로 손상되어 있기 때문에 논서 전체를 해독하는 데 많은 어려움이 있다. 반면에 타쿠르 교정본은 인도학자인 상끄르띠야야나(Sāṅkṛtyāyana)가 티벳 솰루사에 소장된 필사본을 사진으로 찍어 온 것(The Bihar Research Society, 37b～45b)에 기반을 두고 있다.[9] 보존 상태가 양호한 편이기 때문에 해독하는 데 큰 어려움은 없다. 이 필사본에 사용된 문자는 프로우토우-마이틸리(Proto-Maithili)로 8～9세기경부터 북부 인도에서 불교와 브라만교의 문헌을 필사하기 위해 널리 쓰였다.

샤스뜨리 교정본과 타쿠르 교정본 둘 다 『찰나멸논증』을 읽기 위해 꼭 필요하지만 차이가 있는 부분이 상당히 많다. 그리고 아쉽게도 두 교정본 모두 다수의 오류를 포함하고 있다. 일례로 원문 26,15에서 샤스뜨리와 타쿠르는 문맥상 정확한 janayed 대신에 na janayed로 읽는다.[10] 이것은 독자가 해당 부분을 정반대로 이해하게 하는 문제를 만든다. 따라서 『찰나멸논증』을 면밀히 분석하기 위해서는 필사본을 대조해서 정확한 정판본을 만들 필요가 있다.

잘 알려진 대로, 빠뜨나 필사본과 네팔 국립 고문서본과 같은 중요한 자료들이 20세기 초·중반부터 불교학계에 소개되어 있다.

① The Bihar Research Society in Patna(Ms. n. 37b～45b)

---

9 상끄르띠야야나의 필사본 수집에 대해서는 Much 1988을 참조.

10 여기서 원문 26,15는 본서의 교정본 26쪽 15째 줄을 지시한다. 샤스뜨리 본과 타쿠르 본의 na janayed는 『찰나멸론』에 입각해서 janayed로 교정한다. KBhA 45,6～7 : hanta tarhi tadabhāve saty utpanno 'pi janayed eva 참조.

② The National Library of Nepal(Ms. n. 1a～24a)

이러한 자료들은 정판본을 만들 수 있는 귀중한 토대이다. 필자는 이 자료들에 대한 판본 작업을 펜실베이니아 대학에서부터 지속적으로 해오고 있다.[11] 본서에서는 더 나아가 앞서 언급한 즈냐나스리미뜨라의 『찰나멸론』과 라뜨나끼르띠의 관련 논서인 『지속성비판(*Sthirasiddhidūṣaṇa*)』, 브라만교의 논사인 바짜스빠띠미스라(Vācaspatimiśra, 10세기경)의 『니야야까니까(*Nyāyakaṇikā*)』와 『띠까(*Nyāyavārttikatātparyaṭīkā*)』, 그리고 다른 브라만교의 논사인 바사르바즈냐(Bhāsarvajña, 10세기경)의 『니야야부사나(*Nyāyabhūṣaṇa*)』 등도 함께 비교하고 대조하여 새로운 정판본을 편찬한다.[12]

11 Woo 1999 참조.

12 『찰나멸논증』의 인용출처에 대해서는 우제선 2006 참조.

약호

1. 필사본 및 인용저서 약호

MS_1	Bihar Research Society 소장본
MS_2	National Library of Nepal 소장본
R_1	*Ratnakīrtinibandhāvaliḥ*, 1st ed.
R_2	*Ratnakīrtinibandhāvaliḥ*, 2nd ed.
S	*Six Buddhist Nyāya Tracts*
KBhA	Jñānasrīmitra의 *Kṣaṇabhaṅgādhyāya*
NK	Vācaspatimiśra의 *Nyāyakaṇikā*

2. 인용표시 약호

Ce	citatum ex alio(다른 논서에 있는 구절의 교정 없는 인용)
Cee	citatum ex alio modo edendi(다른 논서에 있는 구절의 교정 있는 인용)
Ce'	citatum ex alio usus secundarii(다른 논서가 인용한 구절의 교정 없는 재인용)
Ce'e	citatum ex alio usus secundarii modo edendi(다른 논서가 인용한 구절의 교정 있는 재인용)
Ci	citatum in alio(다른 논서가 KSA의 구절을 교정 없이 인용)
Ci'e	citatum in alio usus secondarii modo edendi(다른 논서가 KSA의 구절을 교정하여 인용)
Re	relatum ex alio(다른 논서에서 가져온 관련 구절)
Ri	relatum in alio(다른 논서가 가져간 관련 구절)

3. 교정 약호

..	읽기 어려운 글씨(akṣara)
.	부분적으로 읽기 어려운 글씨
{n}	필사자가 n을 사본 위 혹은 아래의 여백에서 첨가
⟨⟩	필사자가 남긴 글씨 사이의 공간
[n]	n은 판독이 불확실함
(n)	교정자가 n을 사본에 있다는 전제하에 첨가
⟨n⟩	교정자가 n을 사본에 없다는 전제하에 첨가
n/m	n 혹은 m으로 읽기가능
~~n~~	글씨 n의 삭제
m (M) *for* n	M에는 n 대신에 m
em.	교정(emendation)
comp.	비교(comparison)
w.c.	해당되는 단어가 없음(without correspondence)
°	한 단어 또는 산디(sandhi)로 연결된 둘 이상의 단어에서 앞부분과 뒷부분의 생략
'	avagraha

4. 참고문헌 약호

AK	*Abhidharmakośabhāṣya* of Vasubandhu
ALB	*Adyar Library Bulletin*

AP	*Apohaprakaraṇa* of Jñānaśrīmitra
AS	*Apohasiddhi* of Ratnakīrti
ATV	*Ātmatattvaviveka* of Udayana
AVS	*Antarvyāptisamartha* of Ratnākaraśānti
B	*Bṛhatī* of Prabhākara
BS	*Brahmasiddhi* of Maṇḍanamiśra
CAPV	*Citrādvaitaprakāśavāda* of Ratnakīrti
DhPr	*Dharmottarapradīpa* of Paṇḍita Durveka
DTIITP	*Dharmakīrti's Thought and Its Impact on Indian and Tibetan Philosophy*
HB	*Hetubindu* of Dharmakīrti, Part I
HB II	*Hetubindu* of Dharmakīrti, Part II
HTU	*Hetutattvopadeśa*, see Tucci 1956.
IBK	*Indogaku Bukkyōgaku Kenkyū*
IIJ	*Indo-Iranian Journal*
JAOS	*Journal of the American Oriental Society*
JHPS	*Journal of Hiroshima Philosophy Society*
JIP	*Journal of Indian Philosophy*
KBhA	*Kṣaṇabhaṅgādhyāya* of Jñānaśrīmitra
KBhS	*Kṣaṇabhaṅgasiddhi* of Dharmottara
Ki	*Kiraṇāvalī* of Udayana
KSA	*Kṣaṇabhaṅgasiddhi-Anvayātmikā* of Ratnakīrti
KSV	*Kṣaṇabhaṅgasiddhi-Vyatirekātmikā* of Ratnakīrti
LPP	*Laghuprāmāṇyaparīkṣā* of Dharmottara, Part I
M	*Mūlamadhyamakakārikā* of Nāgārjuna
NB	*Nyāyabindu* of Dharmakīrti.
NBu	*Nanto Bukkyō*

NBṬ	*Nyāyabinduṭīkā* of Dharmottara
NBhū	*Nyāyabhūṣaṇa* of Bhāsarvajña
ND	*Nyāyadarśanam*
NK	*Nyāyakaṇikā* of Vācaspatimiśra
NKī	*Nyāyakandalī* of Śrīdhara
NKoś	*Nyāyakośa*
NM	*Nyāyamañjarī* of Jayanta Bhaṭṭa
NP	*Nyāyapraveśaka* of Śaṅkarasvāmin
NV	*Nyāyavārttika* of Uddyotakara
NVTṬ	*Nyāyavārttikatātparyaṭīkā* of Vācaspatimiśra
PBh	*Praśastapādabhāṣya* of Praśastapāda
PP	*Prakaraṇapañcikā* of Śālikanātha Miśra
Pr	*Pravacanasāra* of Kundakunda
PV	*Pramāṇavārttika* of Dharmakīrti
PVBh	*Pramāṇavārttikabhāṣya* of Prajñākaragupta
PVin	*Pramāṇaviniścaya* of Dharmakīrti
PVinṬ	*Pramāṇaviniścayaṭīkā* of Dharmottara
PVSV	*Pramāṇavārttikasvavṛtti* of Dharmakīrti
PVSVṬ	*Pramāṇavārttikasvavṛttiṭīkā* of Karṇakagomin
PVV	*Pramāṇavārttikavṛtti* of Manorathanandin
Ṛ	*Ṛjuvimalā* of Śālikanātha
SDS	*Sarvadarśanasaṃgraha* of Mādhava
SSD	*Sthirasiddhidūṣaṇa* of Ratnakīrti
STP	*Sanmatitarkaprakaraṇa* of Siddhasena Divākara
SV	*Ślokavārttika* of Kumārila Bhaṭṭa
TAS	*Tattvārthasūtra* of Umāsvāti
TBh	*Tarkabhāṣā* of Mokṣākaragupta

TBhk	*Tarkabhāṣā* of Keśavamiśra
TS	*Tattvasaṅgraha* of Śāntarakṣita
TSP	*Tattvasaṅgrahapañjikā* of Kamalaśīla
VC	*Vyāpticarcā* of Jñānaśrīmitra
VN	*Vādanyāya* of Dharmakīrti, Part I
VNi	*Vyāptinirṇaya* of Ratnakīrti
VS	*Vaiśeṣikasūtra* of Kaṇāda
VV	*Vidhiviveka* of Maṇḍanamiśra
Vy	*Vyomavatī* of Vyomaśiva
WZKM	*Wiener Zeitschrift für die Kunde des Morgenlandes*
WZKS(O)	*Wiener Zeitschrift für die Kunde Süd*(-und Ost-)*asiens*

범어 교정본

37b1,1a1 namas tārāyai[1].

[a]akṣiptavyatirekā yā vyāptir anvayarūpiṇī |

sādharmyavati dṛṣṭānte sattvahetor ihocyate ||[a]

[b,c]yat sat tat kṣaṇikam, yathā ghaṭaḥ.[b] santaś cāmī vivādāspadībhūtāḥ padārthā iti.[c]

hetoḥ parokṣārthapratipādakatvaṃ[2] hetvābhāsatvaśaṅkānirākaraṇam antareṇa na śakyate pratipādayitum. hetvābhāsāś cāsiddhaviruddhānaikāntikaprabhedena[3] trividhāḥ.

tatra [d]na tāvad ayam asiddho[d] hetuḥ.

[e]yadi nāma darśane darśane nānāprakāraṃ sattvalakṣaṇam[4] uktam āste,[e] arthakriyākāritvaṃ, sattāsamavāyaḥ, svarūpasattvam, utpādavyayadhrauvyayogitvaṃ, pramāṇaviṣayatvaṃ, sad[5]upalambhakapramāṇagocaratvaṃ[6], vyapadeśaviṣayatvam ityādi, tathāpi kim anenāprastutenedānīm eva niṣṭaṅkitena. yad eva hi[7] pramāṇato nirūpyamāṇaṃ padārthānāṃ 1b1 sattvam upapannaṃ bhaviṣyati tad eva vayam api svīkariṣyāmaḥ.

kevalaṃ yad[8] etad arthakriyākāritvaṃ sarvajanaprasiddham āste tat khalv atra sattvaśabdenābhisandhāya sādhanatvenopāttam[9]. tac ca yathāyogaṃ [f]pratyakṣānumānapramāṇaprasiddhasadbhāveṣu[10] bhāveṣu

---

[a] *comp.* KSV 83,6-7 [b] **Ri** ATV 22,18-19; **Ce'e** NB III.9; HB 5*,19; KBhA 1,8; TSP 180,19
[c] *comp.* KSV 81,8-9; **Ce'e** NVTṬ 838,11 [d] **Ce'** KBhA 1,12 [e] **Ce'e** KBhA 1,12-13 [f] (to 2,2) **Ce'e** KBhA 1,15-16

---

[1] namas tārāyai MS$_1$ (R$_1$,R$_2$) : oṃ namaḥ samabhadrāyaḥ MS$_2$: namaḥ samantabhadrāya (S)
[2] parokṣā° MS$_1$ (R$_1$,R$_2$,S) : parīkṣā° MS$_2$
[3] °prabhedena MS$_1$ (R$_1$,R$_2$) : °bhedena MS$_2$ (S)
[4] °pra~~ka~~raṃ sasattva° MS$_1$
[5] tad (R$_2$) *for* sad
[6] °lambhaka° MS$_1$ (R$_1$,R$_2$) : °lambha° MS$_2$ (S)
[7] hi MS$_2$ (R$_1$,R$_2$,S) : *w.c.* MS$_1$
[8] tad (R$_2$) *for* yad
[9] °p(ā)ttam MS$_1$
[10] pratyakṣā~~di~~nu° MS$_2$

pakṣīkṛteṣu pratyakṣādinā pramāṇena pratītam iti na svarūpeṇāśrayadvāreṇa vāsiddhisaṃbhāvanāpi[1].[f>]

[a]nāpi viruddhaḥ[2], sapakṣīkṛte ghaṭe sadbhāvāt.[a]

[b]nanu katham asya sapakṣatvam[3], pakṣavad atrāpi[4] kṣaṇabhaṅgāsiddheḥ. na hy asya pratyakṣataḥ kṣaṇabhaṅgasiddhiḥ[5], tathātvenāniścayāt. nāpi sattvānumānataḥ, punar nidarśanāntarāpekṣāyām[6] anavasthāprasaṅgāt[7]. [c]na cānyad anumānam asti.[c] saṃbhave vā tenaiva pakṣe 'pi kṣaṇabhaṅgasiddher alaṃ sattvānumāneneti[8] cet.[b]

ucyate. anumānāntaram eva prasaṅgaprasa$_{2a1}$ṅgaviparyayātmakaṃ ghaṭasya[9] kṣaṇabhaṅgaprasādhakaṃ pramāṇam[10] asti.

tathā hi[11] ghaṭo vartamānakṣaṇe tāvad ekām arthakriyāṃ karoti. [d]atītānāgatakṣaṇayor api kiṃ tām evārthakriyāṃ kuryāt, anyāṃ vā, na vā kām api kriyām iti trayaḥ pakṣāḥ.[d]

nātra prathamaḥ pakṣo[12] yuktaḥ, [e]kṛtasya karaṇāyogāt.[e]

atha dvitīyo 'bhyupagamyate, tad idam[13] atra vicāryatām. yadā ghaṭo vartamānakṣaṇabhāvikāryaṃ karoti tadā kim atītānāgatakṣaṇabhāviny api kārye[14] śakto 'śakto vā. [f]yadi śaktas tadā vartamānakṣaṇabhāvikāryavad atītānāgatakṣaṇabhāvy api kāryaṃ tadaiva[15] kuryāt, tatrāpi

---

[f>] (from 1,19) [a] **Ce'e** KBhA 11,3 [b] **Ci'e** AVS 104,16-18 [c] **Ce'** KBhA 11,7-8 [d] **Re** KBhA 16,23-25 [e] **Ce'e** KBhA 16,23-24 [f] (to 3,3) **Ce'e** TS 395; TSP 183,15-17; KBhA 17,1-7

---

[1] vāsiddhi° MS_1 (R_1,R_2) : vāsiddha° MS_2 (S)
[2] viruddhaḥ MS_2 : viruddhatā MS_1 (R_1,R_2,S)
[3] sapakṣ° MS_1 (R_1,R_2,S) : pakṣ° MS_2
[4] pakṣava{d a}trāpi MS_2
[5] °asi° MS_1 (R_1,R_2,S) : °āsi° MS_2
[6] °āntarāpekṣ° MS_2 (R_1,R_2,S) : °āpekṣ° MS_1
[7] °sthā° MS_2 (S) : °shāna° MS_1 (R_1,R_2)
[8] santā[..]mā° MS_2
[9] ghaṭasya MS_2 (R_1,R_2,S) : ghaṭe MS_2 (S)
[10] pramāṇam MS_1 : pramāṇāntaram MS_2 (R_1,R_2,S)
[11] tathā hi MS_1 (R_1,R_2) : tathā MS_2 (S)
[12] prathamaḥ pakṣo MS_1 (R_1,R_2,S) : prathamapakṣo MS_2
[13] idam MS_2 (R_1,R_2,S) : evam MS_1
[14] kārye MS_1 (R_1,R_2,S) : kāryavat atītānāgate MS_2
[15] tadaiva MS_1 (R_1,R_2) : *w.c.* MS_2 (S)

śaktatvāt, śaktasya ca[1] kṣepāyogāt$_{[,]}$ anyathā vartamānakṣaṇabhāvino 'pi kārya$_{38a1}$syākaraṇaprasaṅgāt$_{[,]}$ pūrvāparakālayor api śaktatvenāviśeṣāt, samartha$_{2b1}$sya ca sahakāryapekṣāyā ayogāt.[f>] athāśaktaḥ, tadaikatra kārye śaktāśaktatvaviruddhadharmādhyāsāt kṣaṇavidhvaṃso[2] ghaṭasya durvāraprasaraḥ syāt.

nāpi tṛtīyaḥ pakṣaḥ saṅgacchate, śaktasvabhāvānuvṛtter eva. [a]yadā hi śaktasya padārthasya[3] vilambo 'py asahyas tadā dūrotsāritam akaraṇam. anyathā vārtamānikasyāpi kāryasyākaraṇaṃ syād[a] ity uktam.

[b]tasmād yad yadā yajjananavyavahārapātraṃ tat tadā tat kuryāt. akurvac ca na jananavyavahārabhājanam[4]. tad evam ekatra kārye samarthetarasvabhāvatayā pratikṣaṇaṃ bhedād ghaṭasya sapakṣatvam akṣatam.[b]

[c]atra prayogaḥ - yad yadā yajjananavyavahārayogyaṃ[5] tat tadā taj janayaty eva, yathā 'ntyā kāraṇasāmagrī[6] svakāryam[7]. atītānāgatakṣaṇabhāvikāryajana$_{3a1}$navyavahārayogyaś cāyaṃ ghaṭo vartamānakṣaṇabhāvikāryakaraṇakāle sakalakriyātikramakāle 'pīti[8] svabhāvahetuprasaṅgaḥ.[c]

asya ca dvitīyādikṣaṇabhāvikāryakaraṇavyavahāragocaratvasya prasaṅgasādhanasya vārtamānikakāryakaraṇakāle[9] sakalakriyātikramakāle ca ghaṭe dharmiṇi parābhyupagamamātrataḥ[10] siddhatvād asiddh-

---

[f>] (from 2,17) [a] Ce'e KBhA 17,8-9 [b] Ce'e PVSV 130,16-17; KBhA 18,11-13 [c] *comp.* SDS 42,23-24; KBhA 17,10-13, 17,18-19; ATV 37,1-3

---

[1] ca *em.* (R_1,R_2) : *w.c.* MS_1,MS_2 (S)
[2] °vidhvaṃso MS_2 (R_1,R_2,S) : °dhvaṃso MS_1
[3] padārthasya MS_1 (R_1,R_2) : svabhāvasya MS_2 (S)
[4] °vyava<~~ra~~>hāra° MS_1
[5] ya[..j.]nana° MS_1
[6] kāraṇa° MS_2 (R_1,R_2,S) : karaṇa° MS_1
[7] svakāryam MS_2 (R_1,R_2,S, *comp.* KBhA17,11: yathā 'nyā kāraṇasāmagrī svakāryam) : *w.c.* MS_1
[8] 'pīti MS_1 (R_1,R_2,S) : 'prīti MS_2
[9] dvitīyādikṣaṇabhāvikāryakaraṇavyavahāragocaratvasya prasaṅgasādhanasya vārtamānikakāryakaraṇakāle MS_1 (R_1,R_2,S) : dvitīdikṣaṇabhāvikāryakaraṇakāle MS_2
[10] °upa~~ra~~gama° MS_1

is tāvad asaṃbhavinī.

nāpi viruddhatā, sapakṣe 'ntyakāraṇasāmagryāṃ[1] sadbhāvasaṃbhavāt.

nanv ayaṃ sādhāraṇānaikāntiko hetuḥ[2], [a]sākṣād ajanake 'pi kuśūlādyavasthitabījādau vipakṣe samarthavyavahāragocaratvasya sādhanasya darśanād[a] iti cet.

na, dvividho hi samarthavyavahāraḥ pāramārthika aupacārikaś ca. tatra yat pāramārthikaṃ jananaprayuktaṃ jananavyavahāragocaratvaṃ tad iha sādhanatvenopāttam. tasya ca kuśūlādyavasthitabījādau kāraṇakāraṇatvād au$_{3b1}$pacārikajananavyavahāraviṣayabhūte saṃbhavābhāvāt kutaḥ sādhāraṇānaikāntikatā.

na cāsya sandigdhavyatirekitā, viparyaye bādhakapramāṇasadbhāvāt.

tathā hīdaṃ jananavyavahāragocaratvaṃ niyataviṣayatvena vyāptam iti sarvajanānubhavaprasiddham[3]. na cedaṃ nirnimittam[4], deśakālasvabhāvaniyamābhāvaprasaṅgāt[5]. na ca jananād anyan nimittam upalabhyate, tadanvayavyatirekānuvidhānadarśanāt[6]. [b]yadi ca jananam antareṇāpi jananavyavahāragocaratvaṃ[7] syāt tadā sarvasya sarvatra jananavyavahāra ity aniyamaḥ syāt. ni$_{38b1}$yataś cāyaṃ pratītaḥ. tato jananābhāve vipakṣe niyataviṣayatvasya vyāpakasya nivṛttau nivartamānaṃ jananavyavahāragocaratvaṃ janana eva viśrāmyatīti vyāptisiddher[b] anavadyo hetuḥ[8].

$_{4a1}$ na caiṣa ghaṭo vartamānakāryakaraṇakṣaṇe sakalakriyātikrama-

---

[a] **Ci'e** ATV 58,17-18 [b] **Ce'e** KBhA 17,13-17

---

1 'nta° (R$_1$) *for* 'ntya°
2 °tiko[~~y/pa~~] hetuḥ MS$_1$
3 °prasiddham *em.* (R$_1$,R$_2$) : °siddham MS$_1$,MS$_2$ (S)
4 °nimittam MS$_1$ (R$_1$,R$_2$,S) : °nirmittam MS$_2$
5 °niyamābhāvaprasaṅgāt MS$_1$ (R$_1$,R$_2$,S) : °prasaṅgāt MS$_2$
6 °vyatiri~~e~~kā° MS$_2$
7 janana° MS$_1$ (R$_1$,R$_2$,S) : jana° MS$_2$
8 hetu<ḥ> MS$_2$

kṣaṇe[1] cātītānāgatakṣaṇabhāvikāryaṃ janayati. tato na jananavyavahārayogyaḥ, sarvaḥ[2] prasaṅgaḥ prasaṅgaviparyayaniṣṭha iti nyāyāt.

atrāpi prayogaḥ - [a]yad yadā yan na karoti na[3] tat tadā tatra samarthavyavahārayogyam, yathā śālyaṅkuram akurvan kodravaḥ śālyaṅkure. na karoti caiṣa ghaṭo vartamānakṣaṇabhāvikāryakaraṇakāle[4] sakalakriyātikramakāle[5] cātītānāgatakṣaṇabhāvikāryam iti vyāpakānupalabdhir[a] bhinatti[6] samarthakṣaṇād asamarthakṣaṇam.

atrāpy asiddhir nāsti, vartamānakṣaṇabhāvikāryakaraṇakāle sakalakriyātikramakāle cātītānāgata[7]kṣaṇabhāvikāryakaraṇasyāsambhavāt[8].

nāpi viro$_{4b1}$dhaḥ, sapakṣe bhāvāt.

na cānaikāntikatā, pūrvoktena nyāyena samarthavyavahāragocaratvajanakatvayor[9] vidhibhūtayoḥ sarvopasaṃhāravatyā vyāpteḥ prasādhanāt.

yat punar atroktam[10], yad yadā yan na karoti na tat tadā tatra samartham ity atra kaḥ karotyarthaḥ. kiṃ kāraṇatvam, uta[11] kāryotpādānuguṇasahakārisākalyam, ahosvit[12] kāryāvyabhicāraḥ[13], kāryasaṃbandho veti. tatra kāraṇatvam eva karotyarthaḥ. tataḥ pakṣāntarabhāvino doṣā anabhyupagamapratihatāḥ[14].

na [b]cātra pakṣe kāraṇatvasāmarthyayoḥ paryāyatvena vyāpakānup-

---

[a] **Ce'e** KBhA 17,22-18,1; **Ci'e** ATV 37,3-7; SDS 41,26-28 [b] (to 6,1) **Ce'e** KBhA 18,10-11; **Ci'e** ATV 34,3-5

1 °kramakṣaṇe MS_1 : °kramaṇe MS_2 (R_1,R_2,S)
2 sarva(ḥ) prasaṅgaḥ MS_1
3 na MS_1 (R_1,R_2) : *w.c.* MS_2 (S)
4 °kāle MS_2 (R_1,R_2,S) : °kṣaṇe MS_1
5 °kāle MS_2 (R_1,R_2,S) : °kṣaṇe MS_1
6 °dhir bhinatti MS_1 (R_1,R_2,S) : °dhi bhinatti MS_2
7 cātītānāgata MS_2 (R_1,R_2,S) : ātītādi MS_1
8 °kara{ṇa}syāyogāt MS_2
9 °vyavahāra° MS_2 (R_1,R_2,S) : °vyāvahāra° MS_2
10 atr(o)ktam MS_1
11 uta MS_1 (R_1,R_2,S) : tat MS_2
12 aāhosvit MS_1
13 kāryā° MS_1 (R_1,R_2,S) : kārya° MS_2
14 anabhyu<pa>gama° MS_1 (*em.* R_1,R_2,S) : anubhyupagama° MS_2

alambhasya sādhyāviśiṣṭatvam[b>] abhidhātum ucitam, samarthavyavahāragocaratvābhāvasya sādhyatvāt[1]. kāraṇatvasamarthavyavahāragocaratvayoś ca vṛkṣaśiṃśapayor iva vyāvṛttibhedo 'stīty anavasara evaivaṃvidha$_{5a1}$sya kṣudrapralāpasya[2].

tad evaṃ prasaṅgaprasaṅgaviparyayahetudvayabalato[3] ghaṭe dṛṣṭānte kṣaṇabhaṅgaḥ siddhaḥ. [a]tat kathaṃ sattvād anyad[4] anumānaṃ dṛṣṭānte[a] kṣaṇabhaṅgasādhakaṃ[5] nāstīty ucyate. na caivaṃ sattvahetor vaiyarthyam, dṛṣṭāntamātra eva prasaṅgaprasaṅgaviparyayābhyāṃ[6] kṣaṇabhaṅgaprasādhanāt.

nanv ābhyām eva pakṣe 'pi kṣaṇabhaṅgasiddhir astv iti cet. astu, ko doṣaḥ. [b]yo hi pratipattā prativastu yad yadā yajjananavyavahārayogyaṃ tat tadā taj janayatītyādikam upanyasitum analasas tasya tata eva kṣaṇabhaṅgasiddhiḥ.[b] yas tu $_{39a1}$ prativastu tannyāyopanyāsaprayāsabhīruḥ sa khalv[7] ekatra dharmiṇi yad yadā yajjananavyavahārayogyaṃ tat tadā taj janayatītyādinyāyena[8] sattvamātram asthairyavyāptam avadhārya sattvād evānyatra kṣaṇikatvam avagacchatīti[9] $_{5b1}$ katham apramatto vaiyarthyam asyācakṣīta.

tad evam [c]ekakāryakāriṇo[10] ghaṭasya dvitīyādikṣaṇabhāvikāryāpekṣayā[11] samarthetarasvabhāvaviruddhadharmādhyāsād bheda eveti kṣaṇabhaṅgitayā[12] sapakṣatām āvahati[c] ghaṭe sattvahetur upalabhyamāno

---

[b>](from 5,19)   [a] **Ce** KBhA 18,9   [b] **Re** KBhA 62,21-23   [c] **Ce'e** KBhA 18,11-12

---

1 sādhyatvā<t> MS$_2$
2 °vidhasya kṣudra° MS$_2$ (R$_1$,R$_2$,S) : °vidhakṣudra° MS$_1$
3 prasaṅgaprasaṅga° MS$_2$ (R$_1$,R$_2$,S) : prasaṅga° MS$_1$
4 sattvād (R$_1$) *for* sattvād anyad
5 °sādhakaṃ MS$_1$ (R$_1$,R$_2$,S) : °prasādhakaṃ MS$_2$
6 prasaṅgaprasaṅga° MS$_2$ (R$_1$,R$_2$,S) : prasaṅga° MS$_1$
7 sa khalv MS$_1$ (R$_1$,R$_2$) : sa tv MS$_2$ (: sa ttv S)
8 ja[~~na~~]nayat[~~i~~]īyādi° MS$_2$
9 °gaccha<n>tīti MS$_2$
10 ekakārya° MS$_1$ (R$_1$,R$_2$) : ekārtha° MS$_2$ (S)
11 dvitīyādikṣaṇa° MS$_2$ (R$_1$,R$_2$,S) : kṣaṇāntara° MS$_1$
12 °itayā MS$_1$ (R$_1$,R$_2$) : °atayā MS$_2$ (S)

na viruddhaḥ.

na cāyam[1] anaikāntikaḥ, atraiva sādharmyavati dṛṣṭānte [a]sarvopasaṃhāravatyā vyāpteḥ prasādhanat.[a]

[b]nanu viparyaye bādhakapramāṇabalād[2] vyāptisiddhiḥ[3]. tasya copanyāsavārttāpi nāsti. tat kathaṃ vyāptiḥ prasādhiteti[b] cet. [c]tad etat taralamativilasitam[4]. tathā hi uktam etad[c] vartamānakṣaṇabhāvikāryakaraṇakāle[5] 'tītānāgatakṣaṇabhāvikārye 'pi ghaṭasya śaktisaṃbhave tadānīm eva tatkaraṇam[6], akaraṇe ca śaktāśaktasvabhāvatayā pratikṣaṇaṃ bheda iti [d]kṣaṇikatvena vyāptaiva sā arthakriyāśaktiḥ.[d]

6a1 [e]nanv evam anvayamātram astu. vipakṣāt punar ekāntena vyāvṛttir iti kuto labhyata[7] iti cet. vyāptisiddher eva.[e]

vyatirekasandehe [f]vyāptisiddhir eva katham iti cet.[f] [g]na. dvividhā hi vyāptisiddhiḥ. anvayarūpā ca kartṛdharmaḥ sādhanadharmavati dharmiṇi sādhyadharmasyāvaśyam bhāvo yaḥ, vyatirekarūpā ca karmadharmaḥ sādhyābhāve sādhanasyāvaśyam abhāvo[8] yaḥ. enayoś caikatarapratītir niyamena[9] dvītyapratītim ākṣipati, anyathaikasyā evāsiddheḥ[10].[g]

tasmād yathā viparyaye bādhakapramāṇabalān niyamavati vyatireke siddhe 'nvayaviṣayaḥ saṃśayaḥ pūrvaṃ sthito 'pi paścāt parigalati tato[11] 'nvayaprasādhanārthaṃ na[12] pṛthak sādhanam ucyate tathā pras-

---

[a] **Ce** KBhA 60,3 [b] **Ce** KBhA 60,3-5 [c] **Ce'e** KBhA 60,5 [d] **Ce'e** KBhA 60,7-8 [e] **Ce** KBhA 60,9-10 [f] **Ce** KBhA 60,10 [g] **Re** KBhA 60,10-14; **Ce'e** PVSVT 17,5-6; VC 164,3-8

---

[1] cāyam MS_2 (R_1,R_2,S) : ca MS_1
[2] viparyaye bādhaka° MS_2 (S) : viparyayabādhaka° MS_1 (R_1,R_2)
[3] vyāptisiddhiḥ MS_2 (R_1,R_2,S) : vyāpteḥ siddhiḥ MS_1
[4] °mati° MS_1 : °tarabuddhi° MS_2 (: °buddhi° R_1,R_2,S)
[5] °kṣaṇabhāvi° MS_1 (R_1,R_2,S) : °bhāvi° MS_2
[6] tat° MS_1 (R_1,R_2) : etat° MS_2 (S)
[7] labhyata *em.* (R_1,R_2) : labhyam MS_1,MS_2 (S)
[8] bhāvo (R_1,R_2) *for* abhāvo
[9] °tītir ni° MS_1 (R_2) : °tītini° MS_2 (R_1,S)
[10] °kasyā evāsiddheḥ MS_1 (R_1,R_2) : °kasyāḥ eva siddhaḥ MS_2 (S)
[11] pa(r)igalati tato MS_2 (R_1,R_2,S) : <pa>{ri}galaty eva MS_1
[12] 'nvayaprasādhanārthaṃ na MS_2 (R_1,R_2,S) : nānvayaprasādhan(ā)rthaṃ MS_1

aṅgatadviparyayahetudvayabalato niyamavaty anvaye siddhe vyatirekavi$_{6b1}$ṣaye[1] pūrvaṃ sthito ’pi sandehaḥ paścāt[2] parigalaty[3] eva. na ca vyatirekaprasādhakam[4] anyat pramāṇaṃ vaktavyam. tataś ca [a]sādhyābhāve sādhanasyaikāntiko vyatirekaḥ, sādhane sati sādhyasyāvaśyam anvayo veti na kaścid arthabhedaḥ.[a]

tad evaṃ viparyayabādhakapramāṇam antareṇāpi prasaṅgaprasaṅgaviparyayahetudvayabalād[5] anvayarūpavyāptisiddhau sattvahetor anaikāntikatvasyābhāvād[6] ataḥ sādhanāt[7] kṣaṇabhaṅgasiddhir anavadyeti.

nanu ca [b]sādhanam[8] idam asiddham.[b] [c]na hi kāraṇabuddhyā kāryaṃ gṛhyate, tasya bhāvitvāt. na ca kāryabuddhyā[9] $_{39b1}$ kāraṇam, tasyātītatvāt. na ca vartamānagrāhiṇā jñānenātītānāgatayor[10] grahaṇaṃ atiprasaṅgāt.[c]

[d]na ca pūrvāparayoḥ kālayor[11] ekaḥ pratisandhātāsti[12], kṣaṇabhaṅgabhaṅgaprasaṅgāt.[d]

[e]kāraṇābhāve tu kāryā$_{7a1}$bhāvapratītiḥ [f]svasaṃvedanavādino[13] manorathasyāpy aviṣayaḥ[14].[e,f]

---

[a] **Ce** KBhA 61,2-3 [b] **Ce’e** NBhū 517,30 [c] **Ce’e** LPP (8),4-6; PVSVT 97,20-24; NBhū 517,25-26; KBhA 66,23-67,2 [d] *comp.* SSD 128,6-8; **Ce’e** TS 492; PVSVT 98,10-12; NBhū 514,2-3; KBhA 10,7-8 [e] **Ce’e** KBhA 67,4-5 [f] **Ce** KBhA 67,4-5

---

1 °viṣa<ye> MS_2
2 paścāt MS_2 (R_1,R_2,S) : *w.c.* MS_1
3 pa(r)igalaty MS_2
4 °prasādhakam MS_1 (R_1,R_2) : °sādhakam MS_2 (S)
5 prasaṅgaprasaṅga° MS_2 (R_1,R_2,S) : prasaṅga° MS_1
6 °tvasyā° MS_1 (R_1,R_2,S) : °syā° MS_2
7 sādhanāt MS_2 (R_1,R_2,S) : *w.c.* MS_1
8 sādhanam MS_2 (R_1,R_2,S) : sattvam MS_1
9 °buddhy(ā) MS_1
10 °grāhiṇā jñā° MS_2 (R_1,R_2,S) : °jñā° MS_1
11 °parayoḥ kālayor MS_2 (R_1,R_2,S) : °parakālayor MS_1
12 °sandhā[t]ā..sti MS_2
13 °vādino *em.* (R_1,R_2,S) : °vādinaḥ MS_1 : °vādinī MS_2
14 manorathasyāpy aviṣayaḥ MS_2 (R_1,R_2,S) : svapne ’pi durlabhā MS_1

nanu[1] ca [a]pūrvottarakālayoḥ saṃvittī, tābhyāṃ vāsanā, tayā ca hetuphalāvasāyī[2] vikalpa iti cet,[a] tad ayuktam[3]. sa hi [b]vikalpo gṛhītānusandhāyako 'tadrūpasamāropako vā.[b] [c]na prathamaḥ pakṣaḥ, ekasya pratisandhātur abhāve pūrvāparagrahaṇayor ayogāt, vikalpavāsanāyā evābhāvāt.[c] nāpi dvitīyaḥ, [d]marīcikāyām api jalavijñānasya prāmāṇyaprasaṅgāt[4].[d]

tad evam anvayavatirekāpratipatter[5] [e]arthakriyālakṣaṇaṃ sattvam asiddham[6,e] iti.

kiṃ ca prakārāntarād apīdaṃ sādhanam asiddham. tathā hi [f]bījādīnāṃ sāmarthyaṃ bījādijñānāt tatkāryād[7] aṅkurāder vā niścetavyam.[f] [g]kāryatvaṃ ca vastutvasiddhau sidhyati[8]. vastutvaṃ ca kāryāntarāt. kāryāntarasyāpi kāryatvaṃ vastutvasiddhau. tadvastutva$_{7b1}$ṃ ca tadaparakāryāntarād ity anavasthā[9].[g]

[h]athānavasthābhayāt paryante[10] kāryāntaraṃ nāpekṣate tadā tenaiva pūrveṣām[11] asattvaprasaṅgān naikasyāpy arthakriyāsāmarthyaṃ[12] sidhyati.[h]

nanu kāryatvasattvayor [i]bhinnavyāvṛttikatvāt sattvāsiddhāv[13] api[i]

---

[a] *comp.* SSD 126,29-30; **Ce** KBhA 79,24-80,1; **Ce'e** NBhū 514,6; 518,4-7 [b] *comp.* SSD 126,32; **Ce** KBhA 80,2 [c] *comp.* SSD 126,32-34; **Ce'e** NBhū 514,9-10; KBhA 80,2-4 [d] **Re** KBhA 14,10-11 [e] **Ce** NBhū 517,30 [f] **Re** HB 17*,1-4; KBhS 230,11-16; NK 95,26-29; KBhA 44,6-8 [g] **Re** BS 85,12-17; Vy 37,8-14; NKī 44,1-3; KBhA 2.13-14 [h] **Ce'e** KBhA 20,17-19 [i] **Ce** KBhA 2,21

---

1 nanu MS_1 (R_1,R_2) : na MS_2 (S)
2 hetūphalāvasāyo (R_2) *for* hetuphalāvasāyī
3 iti cet, tad ayuktam MS_1 (R_1,R_2) : iti yuktaṃ MS_2 (S)
4 °vijñānasya prā° MS_1 (R_1,R_2) : °vijñānaprā° MS_2 (S)
5 °kāpratipatter MS_1 : °kayor apratipattir MS_2 (: °kayor apratipatter R_1,R_2,S)
6 sattvaṃ si° (R_1) *for* sattvam asi°
7 tatkāryād MS_1 (R_1,R_2) : kāryād MS_2 (S)
8 si(dh)yati MS_2
9 °sth(ā) MS_1
10 ca paryante (R_1) *for* paryante
11 pūrveṣām MS_1 (R_1,R_2,S) : pūrvām MS_2
12 °sām° (R_1,R_2) *for* °kriyāsām°
13 sattvāsiddh{ā}v MS_1 : sattāsiddhāv MS_2 (R_1,R_2,S)

kāryatvasiddhau kā kṣatir iti cet. tad asaṅgatam. [a]saty api kāryatvasattvayor vyāvṛttibhede sattvāsiddhau[1] kutaḥ kāryatvasiddhiḥ. [b]kāryatvaṃ hy abhūtvābhāvitvaṃ[2],[b] bhavanaṃ ca sattā[3], sattā ca saugatānāṃ sāmarthyam eva. tataś ca sāmarthyasandehe bhavatīty eva vaktum aśakyam.[a] katham abhūtvābhāvitvaṃ kāryatvaṃ setsyati[4].

[c,d]apekṣitaparavyāpāratvaṃ kāryatvam[c] ity api[5] nāsato[6] dharmaḥ. sattvaṃ ca sāmarthyam.[d] tac ca sandigdham iti kutaḥ kāryatvasiddhiḥ[7]. tadasiddhau[8] pūrvasya sāmarthyaṃ na sidhyatīti sandigdhāsiddho hetuḥ.

tathā viruddho '$_{8a1}$py ayam. tathā hi kṣaṇikatve sati na tāvad ajātasyānanvayaniruddhasya vā kāryārambhakatvaṃ[9] saṃbhavati. na ca niṣpannasya tāvān kṣaṇo 'sti yam[10] upādāya kasmaicit[11] kāryāya vyāpāryeta[12]. ataḥ kṣaṇikapakṣa evārthakriyānupapatter viruddhatā. atha vā [e]vikalpena yad upanīyate tat sarvam avastu.[e] tataś ca vastvātmake kṣaṇikatve sādhye 'vastūpasthāpayann anumānavikalpo viruddhaḥ.

yad vā sarvasyaiva hetoḥ kṣaṇikatve sādhye viruddhatvaṃ, deśakālāntarānanugame sādhyasādhanabhā$_{40a1}$vābhāvāt[13]. anugame ca nānākālam ekam akṣaṇikaṃ[14] kṣaṇikatvena virudhyata iti.

---

[a] **Ce'e** KBhA 2,22-25; **Re** Vy 38,15-19 [b] **Ri** Ki 20,16 [c] **Ce'e** NB III.12; PVSV 93,8
[d] **Ce'e** KBhA 2,24-25 [e] **Ce'e** VN 106,20-21; LPP (8),6-8; VC 161,21-22

---

[1] sattā° (R_1,R_2,S) *for* sattvā° MS_1 : sattva° MS_2
[2] abhūtvā bhāvitvaṃ (R_1) *for* abhūtvābhāvitvaṃ
[3] sattā MS_1 (R_1,R_2,S) : *w.c.* MS_2
[4] se° MS_1 (R_1,R_2,S) : sya° MS_2
[5] it[y a]pi MS_1
[6] °sato *em.* (R_1,R_2,S) *for* °satī MS_2 : °sa[~~tto~~] MS_1
[7] °tvasiddhiḥ MS_1 (R_2) : °siddhiḥ MS_2 (R_1,S)
[8] °dhau MS_2 (R_1,R_2,S) : °dho MS_1
[9] °rasmbha° MS_2
[10] ya{[m]} MS_1
[11] kasmaici<t> MS_2
[12] vyāpāryeta MS_1 (R_1,R_2,S) : vyāpāryat MS_2
[13] °bh(ā)vābhāvāt MS_1
[14] ekam akṣ~~i~~aṇikaṃ MS_2 (*em.* R_1,R_2,S) : eka[ṃ] kṣaṇikaṃ MS_1

anaikāntiko ’py ayam, [a]sattvasthairyayor virodhābhāvād[1,a] iti.

atrocyate. yat tāvad uktaṃ sāmarthyaṃ na pratīyata iti, tat kiṃ sarvathaiva na pratīyate[2] kṣaṇabhaṅgapakṣe vā.

prathamapa$_{8b1}$kṣe sakalakārakajñāpakahetucakrocchedān mukhaspandanamātrasyāpy akaraṇaprasaṅgaḥ. anyathā yenaiva vacanena sāmarthyaṃ nāstīti pratipadyate[3] tasyaiva tatpratipādanasāmarthyam avyāhatam āyātam. tasmāt paramapuruṣārthasamīhayā[4] vastutattvanirūpaṇapravṛttasya[5] śaktisvīkārapūrvakaiva[6] pravṛttiḥ. tadasvīkāre tu na kaścit kvacit pravarteteti nirīhaṃ jagaj jāyeta[7].

atha dvitīyaḥ pakṣaḥ, tadāsti tāvat sāmarthyapratītiḥ. sā ca kṣaṇikatve yadi nopapadyate tadā viruddhaṃ vaktum ucitam. [b]asiddham[b] iti tu[8] nyāyabhūṣaṇīyaḥ prāyo[9] vilāpaḥ.

na ca saty api kṣaṇikatve sāmarthyapratītivyāghātaḥ[10]. tathā hi [c]kāraṇagrāhijñānopādeyabhūtena[11] kāryagrāhiṇā jñānena tadarpitasaṃskāragarbheṇāsya bhāve ’sya bhāva ity anvayaniścayo janyate. $_{9a1}$ tathā kāraṇāpekṣayā bhūtalakaivalyagrāhijñānopādeyabhūtena kāryāpekṣayā bhūtalakaivalyagrāhiṇā jñānena tadarpitasaṃskāragarbheṇāsyābhāve ’syābhāva iti vyatirekaniścayo janyate. [c]yad āhur guravaḥ,

[d]ekāvasāyasamanantarajātam anyavijñānam anvayavimarśam upādadhāti | evaṃ tadekavirahānubhavodbhavānyavyāvṛttid-

---

[a] Ce’e NBhū 511,25 [b] Ce NBhū 517,31 [c] *comp.* SSD 125,16-20 [d] (to 12,1) *comp.* SSD 125,21-25

---

[1] virodhā° MS$_1$ (R$_1$,R$_2$,S) : viruddhā° MS$_2$
[2] pratī<yate> MS$_2$
[3] pratipa[dya]te MS$_1$
[4] °puru(ṣ)ā° MS$_2$
[5] °rūpa(ṇ)a° MS$_2$
[6] °pūrvikaiva (R$_1$,R$_2$) *for* °pūrvakaiva
[7] jāyeta MS$_1$ (R$_1$,R$_2$) : jāyate MS$_2$ (S)
[8] tu MS$_2$ (R$_1$,R$_2$,S) : *w.c.* MS$_1$
[9] pāpo (R$_2$) *for* prāyo
[10] °vyāghātaḥ MS$_2$ (R$_1$,R$_2$,S) : °[kṣ]atiḥ MS$_1$
[11] kāraṇagrāhi° MS$_1$ (R$_1$,R$_2$) : kāraṇa° MS$_2$ (S)

hīḥ[1] prathayati vyatirekabuddhim ||[d>]

evaṃ sati [a]gṛhītānusandhāyaka evāyaṃ vikalpaḥ,[a] upādānopādeyabhūtakramipratyakṣadvayagṛhītānusandhānāt[2]. [b]yad āhālaṅkāraḥ,

yadi nāmaikam adhyakṣaṃ na pūrvāparavittimat[3] |
adhyakṣadvayasadbhāve prākparāvedanaṃ[4] kathaṃ ||[b]

iti.

nāpi dvitīyo 'siddhaprabhedaḥ. sāmarthyaṃ hi sattvam iti saugatānāṃ sthitir eṣā. na caitatprasādhanārtham [c]asmākam idānīm eva prārambhaḥ, $_{9b1}$ kiṃ tu yatra pramāṇapratīte bījādau vastubhūte dharmiṇi pramāṇapratītaṃ sāmarthyaṃ tatra kṣaṇabhaṅgasādhanāya[5].[c] tataś [d]caṅkurādīnāṃ kāryādarśanād āhatya sāmarthyasandehe 'pi paṭupratyakṣaprasiddham sanmātratvam[6] avadhāryam[7] eva.[d] anyathā na kvacid api vastumātrasyāpi pratipattiḥ syāt[8]. tasmā$_{40b1}$c chāstīyasattvalakṣaṇasandehe 'pi [e]paṭupratyakṣabalāvalambitavastubhāve 'ṅkurādau[e] kāryatvam upalabhyamānaṃ bījādeḥ sāmarthyam upasthāpayatīti nāsiddhidoṣāvakāśaḥ.

nāpi kṣaṇikatve sāmarthyakṣatiḥ, yato viruddhatā syāt, kṣaṇikatvaniyataprāgbhāvitvalakṣaṇakāraṇatvayor[9] virodhābhāvāt, kṣaṇamātrasthāyiny[10] api sāmarthyasaṃbhavād[11] iti nādimo virodhaḥ.

[d>] (from 11,19) [a] *comp.* SSD 127,4-5; **Ce** KBhA 80,8-9 [b] *comp.* SSD 127,7-9 [c] **Cee** KBhA 3,7-9 [d] **Re** PV I.190cd-191ab [e] **Ce** KBhA 3,12-13

---

1 °idhīḥ MS$_1$ (R$_1$,R$_2$) : °adhīḥ MS$_2$ (S)
2 °sandhān(ā)t MS$_1$
3 °v(i)ttimat MS$_1$
4 prā[kp]a° MS$_1$
5 °prasādhanāya (R$_1$,R$_2$,S) *for* °sādhanāya
6 san° MS$_2$ (S) : asatparāvṛttaṃ san° MS$_1$ (R$_1$,R$_2$)
7 avāryam (R$_2$) *for* a<va>dhāryam MS$_1$
8 anyathā na kvacid api vastumātrasyāpi pratipattiḥ syāt MS$_2$ (S) : anyathāṅkurādau sattāmātrānabhyupagame pratidarśanaṃ lakṣaṇabhedapraṇayanāyogāt, sarvatra sadvyavahārābhāvaprasaṅgāc ca MS$_1$ (R$_2$) (: … °darśanaṃ bheda° … R$_1$)
9 °lakṣa<ṇa>° MS$_2$
10 °yiny MS$_2$ (S) : °yino MS$_1$ (R$_1$,R$_2$)
11 °saṃ<bha>vād MS$_2$

nāpi dvitīyo virodhaprabhedaḥ. avastuno vastuno vā svākārasya grāhyatve 'pi adhyavaseyavastva$_{10a1}$pekṣayaiva sarvatra prāmāṇyapratipādanād vastusvabhāvasyaiva kṣaṇikatvasya siddhir[1] iti kva virodhaḥ.

yac ca [a]gṛhyate yac cādhyavasīyate te dve 'py anyanivṛttī na vastunī svalakṣaṇāvagāhitve 'bhilāpasaṃsargā[a]nupapatter[2] iti cet.

na, adhyavasāyasvarūpāparijñānāt. agṛhīte 'pi vastuni mānasyādipravṛttikārakatvaṃ vikalpasyādhyavasāyitvam[3]. apratibhāse 'pi pravṛttiviṣayīkṛtatvam adhyavaseyatvam. etac cādhyavaseyatvaṃ svalakṣaṇasyaiva yujyate, nānyasya, arthakriyārthitvād[4] arthipravṛtteḥ.

evaṃ cādhyavasāye[5] svalakṣaṇasyāsphuraṇam eva. na ca tasyāsphuraṇe 'pi sarvatrāviśeṣeṇa pravṛttyākṣepaprasaṅgaḥ, [b]pratiniyatasāmagrīprasūtāt pratiniyatasvākārāt[6] pratiniyataśaktiyogāt, pratiniyata[7,b] eva svalakṣaṇe[8] 'pratīte 'pi pravṛttisāmarthyada$_{10b1}$rśanāt. yathā [c]sarvasyāsattve 'pi bījād aṅkurasyaivotpattiḥ, [c]dṛṣṭasya niyatahetuphalabhāvasya pratikṣeptum aśakyatvāt. paraṃ bāhyenārthena sati pratibandhe prāmāṇyam. anyathā tv aprāmāṇyam[9] iti viśeṣaḥ.

tathā tṛtīyo 'pi pakṣaḥ prayāsaphalaḥ, nānākālasyaikasya vastuno vastuto 'saṃbhave 'pi sarvadeśakālavartinor[10] atadrūpaparāvṛttayor eva sādhyasādhanayoḥ pratyakṣeṇa vyāptigrahaṇāt.

[d]dvividho[11] hi pratyakṣasya viṣayaḥ, grāhyo 'dhyavaseyaś ca.[d] sak-

---

[a] **Ce** NK 105,8-9; **Ce'e** AS(Dh) 253,22-23 [b] *comp.* AS 65,29-30; CAPV 138,3-5; **Re** AP 226,2-3 [c] **Ce** AP 226,5 [d] **Ce'e** NBT 71,1; VC 166,14-15

---

1 °tvasya siddhir *em.* (R_1,R_2) : °tvasiddhir MS_2,MS_1 (S)
2 'b<h>ilā° MS_2
3 °sāyitvam MS_2 (R_1,R_2,S) : °sāyātmatvam MS_1
4 °tv(ā)d MS_1
5 eva..adhya° MS_2
6 pratiniyata° MS_1 (R_1,R_2,S) : pratiyata° MS_2
7 pratiniyata MS_1 (R_1,R_2,S) : pratiyata MS_2
8 eva svalakṣaṇe MS_1 : evātadrūpaparāvṛtte MS_2 (R_1,R_2,S)
9 aprā° MS_1 (R_1,R_2,S) : apra° MS_2
10 sarvadeśakālavartinor MS_1 (R_1,R_2) : *w.c.* MS_2 (S)
11 dvi<vi>dho MS_2

alātadrūpaparāvṛttaṃ vastumātraṃ[1] sākṣād asphuraṇāt pratyakṣasya grāhyo viṣayo mā bhūt. tadekadeśagrahaṇe tu tanmātrayor vyāptiniścāyakavikalpajananād adhyavaseyo viṣayo bhavaty eva, kṣaṇagrahaṇe santānaniścayavat, [a]rūpamātragrahaṇe rūparasagandhasparśātmakaghaṭaniścayavac[2,a] ca[3]. anyathā sarvānumānocchedaprasaṅgāt[4].

tathā hi vyāptigrahaḥ sāmānyayoḥ, viśeṣayoḥ, sāmānyaviśiṣṭaviśeṣa$_{11a1}$yor[5] viśeṣaviśiṣṭasāmānyayo$_{41a1}$r[6] veti vikalpāḥ.

nādyo vikalpaḥ, sāmānyasya bādhyatvāt, abādhyatve 'py adṛśyatvāt, dṛśyatve 'pi puruṣārthānupayogitayā tasyānumeyatvāyogāt. nāpy anumitāt sāmānyād viśeṣānumānam, sāmānyasarvaviśeṣayor[7] vakṣyamāṇanyāyena[8] pratibandhapratipatter ayogāt.

nāpi dvitīyaḥ, viśeṣasyānanugāmitvāt.

antime tu vikalpadvaye sāmānyādhāratayā dṛṣṭa eva viśeṣaḥ sāmānyasya viśeṣyo viśeṣaṇaṃ vā kartavyaḥ. adṛṣṭa eva vā deśakālāntaravartī. yadvā dṛṣṭādṛṣṭātmako[9] deśakālāntaravarty[10] atadrūpaparāvṛttaḥ sarvo viśeṣaḥ.

na prathamaḥ pakṣo 'nanugāmitvāt. nāpi dvitīyaḥ, adṛṣṭatvāt. na ca tṛtīyaḥ, prastutaikaviśeṣadarśane 'pi deśakālāntaravartināṃ viśeṣāṇām[11] adarśanāt.

---

[a] *comp.* VNi 109,18-19; **Ce'e** NBhū 140,22-25; VC 166,20-21

---

[1] sakalātadrūpa° ~~yore~~vastu° MS$_1$ (R$_1$,R$_2$,S) : sakalād rūpa° vastu° MS$_2$
[2] °ghaṭa° MS$_1$ (R$_1$,R$_2$) : ghaṭa° MS$_2$ (S)
[3] ca MS$_2$ (R$_1$,R$_2$,S) : *w.c.* MS$_1$
[4] °prasaṅgāt MS$_2$ (R$_1$,R$_2$,S) : °prasaṅgaḥ MS$_1$
[5] °viśeṣayor MS$_2$ (S) : °svalakṣaṇayoḥ MS$_1$ (R$_1$,R$_2$)
[6] viśeṣa° MS$_2$ (S) : svalakṣaṇa° MS$_1$ (R$_1$,R$_2$)
[7] °viśeṣayor MS$_2$ (S) : °svalakṣaṇayor MS$_1$ (R$_1$,R$_2$)
[8] vakṣya° MS$_1$ (R$_2$,S) : vakṣa° MS$_2$ (R$_1$)
[9] °<ā>tmako MS$_1$
[10] °āntar° (R$_1$,R$_2$) *for* °āntara°
[11] viśeṣāṇām MS$_1$ (R$_1$,R$_2$) : *w.c.* MS$_2$ (S)

atha teṣāṃ sarveṣām eva viśeṣāṇāṃ 11b1 sadṛśatvāt sadṛśasāmagrīprasūtatvāt[1] sadṛśakāryakāritvād iti pratyāsattyā ekaviśeṣagrāhakaṃ pratyakṣam atadrūpaparāvṛttamātre niścayaṃ janayad atadrūpaparāvṛttaviśeṣamātrasya vyavasthāpakam, yathaikasāmagrīpratibaddharūpamātragrāhakaṃ pratyakṣaṃ ghaṭe niścayaṃ janayad ghaṭagrāhakaṃ[2] vyavasthāpyate. anyathā ghaṭo 'pi ghaṭasantāno 'pi pratyakṣato na sidhyet, sarvātmanā[3] grahaṇābhāvāt.

tadekadeśagrahaṇaṃ tv atadrūpaparāvṛtte 'py aviśiṣṭam. yady evam anenaiva krameṇa sarvasya viśeṣasya viśeṣaṇaviśeṣyabhāvavad vyāptipratipattir apy astu. tat kim arthaṃ nānākālam ekam akṣaṇikam[4] abhyupagantavyaṃ, yena kṣaṇikatvasādhanasya[5] viruddhatvaṃ syād iti na kaścid virodhaprabhedaprasaṅgaḥ[6].

na cāyam anaikāntiko 'pi[7] hetuḥ, pūrvoktakrameṇa sādharmyadṛ 12a1 ṣṭānte prasaṅgaviparyayahetubhyām[8] anvayarūpavyāpteḥ prasādhanāt.

nanu yadi prasaṅgaviparyaya[9]hetudvayabalato[10] ghaṭe dṛṣṭānte kṣaṇabhaṅgaḥ sidhyet tadā sattvasya niyamena kṣaṇikatvena vyāptisiddher anaikāntikatvaṃ na syād iti yuktam. kevalam idam evāsambhavi. tathā hi śakto 'pi ghaṭaḥ [a]kramisahakāryapekṣayā[11] kramikāryaṃ[a] kariṣyati.

---

[a] *comp.* KSV 85,19-20; **Ce'e** NVTT 839,15

---

[1] (sa)dṛ° MS_2
[2] °grā(haka)ṃ MS_2
[3] sarvātmanā MS_2 (R_1,R_2,S) : sarvasvala<kṣa>ṇa MS_1
[4] ekam akṣa° MS_1 (R_1,R_2) : ekakṣa° MS_2 (S)
[5] °tvasādha° MS_1 (R_1,R_2) : °tve sādha° MS_2 (S)
[6] °dheda° (R_1) *for* °bheda°
[7] 'pi MS_2 (R_1,R_2,S) : *w.c.* MS_1
[8] °vi[pa/ya]yi° MS_1
[9] °vi<pa>ryaya MS_1
[10] °balato MS_1 (R_1,R_2,S) : °balavato MS_2
[11] kramika° (R_1,R_2) *for* krami°

na caitad vaktavyam, samartho 'rthaḥ svarūpeṇa karoti, svarūpaṃ ca sarvadāstīty anupakāriṇi[1] sahakāriṇy apekṣā na yujyata iti. saty api svarūpeṇa kārakatve sāmarthyābhāvāt kathaṃ karotu[2]. [a]sahakārisākalyaṃ hi sāmarthyam, tadvaikalyaṃ cāsāmarthyam. na $_{41b1}$ ca tayor āvirbhāvatirobhāvābhyāṃ tadvataḥ kācit kṣatiḥ, tasya tābhyām anyatvāt.[a] tasmād arthaḥ samartho 'pi syāt, na ca karotīti sandigdhavyatirekaḥ prasaṅgahetuḥ.

atrocyate. bha$_{12b1}$vatu tāvat [b]sahakārisākalyam eva sāmarthyam. tathāpi so 'pi tāvad bhāvaḥ svarūpeṇa kārakaḥ.[b] tasya ca[3] [c]yādṛśaś caramakṣaṇe [d]'kṣepakriyādharmā svabhāvas[4,d] tādṛśa eva cet.[c] [e]prathamakṣaṇe tadā tadāpi prasahya kurvāṇo brahmaṇāpy anivāryaḥ.[e] na ca so 'py akṣepakriyādharmā[5] svabhāvaḥ sākalye sati jāto [f]bhāvād bhinna evābhidhātuṃ śakyaḥ, bhāvasyākartṛtvaprasaṅgāt.[f] [g]evaṃ yāvad yāvad[6] dharmāntaraparikalpas tāvat tāvad udāsīno bhāvaḥ.[g] tasmād yad rūpam ādāya svarūpeṇāpi janayatīty ucyate[7] [h]tasya prāg api bhāve katham ajaniḥ[8] kadācit. akṣepakriyāpratyanīkasvabhāvasya[9] vā[10] prācyasya paścād anuvṛttau kathaṃ kadācid api kāryasaṃbhavaḥ.[h]

nanu [i]yadi sa evaikaḥ kartā syād yuktam etat. kiṃ tu sāmagrī janikā[11]. tataḥ sahakāryantaravirahavelāyāṃ[12] balīyaso 'pi na kāryaprasava

---

[a] *comp.* KSV 85,21-24; **Ce'e** NBhū 521,3-4; KBhA 18,22-24 [b] **Ce'e** KBhA 19,13-15 [c] **Ce** KBhA 19,15-16 [d] **Re** HB 13*,19 [e] **Ce'e** KBhA 19,16-17 [f] **Ce** KBhA 19,20 [g] **Ce** KBhA 20,5-6 [h] **Ce** KBhA 20,16-18; **Ce'e** NBhū 520,30-521,2 [i] (to 17,1) **Ce** KBhA 20,18-20; **Ce'e** NVTT 839,24-25

---

1 °iṇī (R_1,R_2) *for* °iṇi
2 karotu MS_1 (R_1,R_2) : karoti MS_2 (S)
3 ca MS_2 (R_1,R_2,S) : *w.c.* MS_1
4 svabhāv<a>s MS_1
5 °dharm<ā> MS_1
6 yāvad MS_2 (R_1,R_2,S) : *w.c.* MS_1
7 ucyate MS_1 (R_1,R_2,S) : ucyataḥ MS_2
8 ajani{kā} MS_1
9 svabhā<va>sya MS_2
10 vā MS_1 (R_1,R_2,S) : *w.c.* MS_2 (S)
11 janikā MS_1 (R_1,R_2,S) : jananikā MS_2
12 °antara° MS_2 (R_1,R_2,S) : °āntara° MS_1

iti kim atra viruddham.[i>] 13a1 [a]na hi bhāvaḥ svarūpeṇa[1] karotīti svarūpeṇaiva karoti[2], [b]sahakārisahitād eva tataḥ kāryotpattidarśanāt.[a] tasmād vyāptivat kāryakāraṇabhāvo 'py ekatrānyayogavyavacchedenānyatrāyogavyavacchedenāvaboddhavyaḥ[3], tathaiva laukikaparīkṣakāṇāṃ[4] saṃpratipatter[b] iti.

[c]atrocyate. yadā militāḥ santaḥ kāryaṃ kurvate [d]tadaikārthakaraṇalakṣaṇaṃ[5] sahakāritvam[d] eṣām astu. ko niṣeddhā[6]. militair eva tu tatkāryaṃ kartavyam iti kuto labhyate, pūrvāparayor ekasvabhāvatvād bhāvasya sarvadā jananājananayor anyataraniyamaprasaṅgasya[7] durvāratvāt. tasmāt sāmagrī janikā[8], naikaṃ janakam iti sthiravādināṃ manorathasyāpy[9] aviṣayaḥ.[c]

[e,f]dṛśyate tāvad evam[10] iti cet.[f] dṛśyatām. kiṃ tu pūrvasthitād eva sāmagrīmadhyapraviṣṭād bhāvāt[11] kāryotpattir[12] anyasmād eva vā viśi- 13b1ṣṭād bhāvād utpannād iti vivādapadam[13]. tatra prāg api saṃbhave sarvadaiva kāryotpattir na vā kadācid apīti virodham[14] asamādhāya cakṣuṣī nimīlya tata eva kāryotpattidarśanād iti sādhyānuvādamātrapravṛttaḥ kṛpām arhati[15].[e]

[i>] (from 16,18) [a] *comp.* KSV 90,3-4 [b] *comp.* KSV 86,7-10; **Ce'e** NVTT 842,29-843,10; HBT 361,7-12 [c] *comp.* KSV 90,4-8; **Ce** KBhA 20,21-25 [d] **Ce** HB 15*,4 [e] *comp.* KSV 90,9-13 [f] **Ce** KBhA 20,25

---

1 svarūpehi[dṛ]ṇa MS_2
2 karoti MS_1 (R_1,R_2,S) : karotīti MS_2
3 °enāva° MS_1 (R_1,R_2) : °ena nāva° MS_2 (S)
4 °par<ī>kṣa° MS_2
5 °lakṣaṇa<ṃ> MS_1
6 niṣe(ddhā) MS_2
7 °niyama° MS_1 (R_2) : °niyata° MS_2 (R_1,S)
8 jan<i>kā MS_2
9 manoratha° MS_2 (R_1,R_2,S) : manorājya° MS_1
10 idam (R_1,R_2) *for* evam
11 °praviṣṭād bhāvāt MS_1 (R_1,R_2,S) : °praviṣṭābhāvāt MS_2
12 k(ā)ryo° MS_1
13 vivādaapadam MS_2
14 virodhasm MS_2
15 arhati MS_1 (*comp.* KSV 90,12-13: sādhyānuvādamātrapravṛttaḥ kṛpām arhati) : arhatīti MS_2 (R_1,R_2,S)

[a]na ca pratyabhijñābalād[1] ekatvasiddhiḥ[2], tatpauruṣasya lūnapunarjātakeśanakhādāv[3] apy upalambhato nirdala$_{42a1}$nāt, lakṣaṇabhedasya ca darśayitum aśakyatvāt, sthirasiddhidūṣaṇe[4] cāsmābhiḥ prapañcato nirastatvāt.[a]

tasmāt sākṣāt kāryakāraṇabhāvāpekṣayobhayatrāpy anyayogavyavacchedaḥ. vyāptau tu sākṣāt paramparayā[5] kāraṇamātrāpekṣayā kāraṇe vyāpake[6] 'yogavyavacchedaḥ, kārye vyāpye 'nyayogavyavacchedaḥ. tathā[7] tadatatsvabhāve vyāpake 'yogavyavacchedaḥ. tatsvabhāve[8] ca vyāpye 'nyayogavyavacchedaḥ. vikalpārūḍharūpāpekṣayā vyāptau $_{14a1}$ dvividham avadhāraṇam.

[b]nanu yadi pūrvāparakālayor ekasvabhāvo bhāvaḥ[9] sarvadā janakatvenājanakatvena vā vyāpta upalabdhaḥ syāt, tadāyaṃ prasaṅgaḥ[10] saṅgacchate.[b] na ca[11] kṣaṇabhaṅgavādinā pūrvāparakālayor ekaḥ kaścid[12] upalabdha iti cet.

[c]tad etad atigrāmyam. tathā hi pūrvāparakālayor ekasvabhāvatve satīty asyāyam[13] arthaḥ, parakālabhāvī janako yaḥ svabhāvo bhāvasya sa eva yadi pūrvakālabhāvī, pūrvakālabhāvī vā yo 'janakaḥ[14] svabhāvaḥ[15] sa eva yadi parakālabhāvī, tadopalabdham eva jananam ajanana-

---

[a] *comp.* KSV 90,14-16 [b] **Ce'e** KBhA 21,4-5 [c] (to 19,2) **Ce'e** KBhA 21,7-10

---

[1] °jñā° MS$_1$: °jñādi° MS$_2$ (R$_1$,R$_2$,S)
[2] °siddhi<ḥ> MS$_2$
[3] °keśanakhādāv MS$_2$ (R$_1$,R$_2$,S) : °keśādāv MS$_1$
[4] sthirasiddha° (R$_2$) *for* <s>thirasiddhi° MS$_2$
[5] param° MS$_1$ (R$_1$,R$_2$,S) : paras° MS$_2$
[6] vyāpake MS$_2$ (R$_1$,R$_2$,S) : *w.c.* MS$_1$
[7] kārye vyāpye 'nyayogavyavacchedaḥ. tathā MS$_2$ (R$_1$,R$_2$,S) : *w.c.* MS$_1$
[8] tat° MS$_2$ (R$_1$,R$_2$,S) : kārye tat° MS$_1$
[9] bhāva<ḥ> MS$_2$
[10] prasaṅga<ḥ> MS$_2$
[11] ca MS$_1$ (R$_1$,R$_2$) : *w.c.* MS$_2$ (S)
[12] kaśc<i>d MS$_2$
[13] asyāyam MS$_2$ (R$_1$,R$_2$,S) : ayam MS$_1$
[14] janaka<ḥ> MS$_2$
[15] svabh(ā)vaḥ MS$_1$

-ṃ[1] vā syāt. tathā ca sati siddhayor eva svabhāvayor ekatvārope[2] siddham eva jananam ajananaṃ vāsajyata[c>] iti.

nanu [a]kāryam eva sahakāriṇam apekṣate[3], na tu kāryotpattihetuḥ[4]. yasmād [b]dvividhaṃ sāmarthyaṃ nijam āgantukaṃ ca sahakāryantaram[b]. tato 'kṣaṇi$_{14b1}$kasyāpi [c]kramavatsahakārinānātvād[5] api kramavatkāryanānātvopapatter aśakyaṃ bhāvānāṃ pratikṣaṇam anyatvam[6] upapādayitum[a,c] iti cet.

ucyate. [d]bhavatu tāvan nijāgantukabhedena dvividhaṃ sāmarthyam. tathāpi yat prātisvikaṃ vastusvalakṣaṇam arthakriyādharmakam[7] avaśyam[8] abhyupagantavyam. tat kiṃ prāg api paścād eva veti vikalpya yad dūṣaṇam udīritaṃ[9] tatra kim uktam aneneti[d] na pratīmaḥ.

[e]yat tu kāryeṇaiva sahakāriṇo 'pekṣyanta[10] ity upaskṛtaṃ tad api nirupayogam. yadi hi[11] [f]kāryam eva svajanmani svatantraṃ syād yuktam[12] etat. kevalam evaṃ sati sahakārisākalyasāmarthyakalpanam[13] aphalam. svātantryād[14] eva hi kāryaṃ kādācitkaṃ[15] bhaviṣyati.[f] tathā ca sati santo hetavaḥ[16] sarvathā 'samarthāḥ. asat tu[17] kāryaṃ svatantram iti viśuddhā buddhiḥ.[e]

[c>] (from 18,15)　[a] *comp.* KSV 85,29-28; KSV 90,17-19　[b] **Ce** KBhA 28,19-20　[c] **Ce** KBhA 28,23-25　[d] **Ce'e** KBhA 29,1-4　[e] **Ce'e** KBhA 29,4-10　[f] *comp.* KSV 90,23-24

---

1 jananam ajananaṃ MS_1 (R_1,R_2,S) : ja~~na~~nanaṃ MS_2
2 ekatvā{ra}pe MS_1
3 amekṣate (R_1,R_2) *for* apekṣate
4 kāry(o)t° MS_1
5 °sahak(ā)ri° MS_1
6 anyatvam *em.* (KBhA) : anyānyatvam MS_1,MS_2 (R_1,R_2,S)
7 °dharmakam MS_1 (R_1,R_2,S) : °dharmam MS_2
8 avaśyam MS_2 (R_1,R_2,S) : *w.c.* MS_1
9 udīritaṃ MS_1 (R_1,R_2) : udgīritaṃ MS_2 (S)
10 'pekṣyanta MS_1 (R_2) : 'pekṣanta MS_2 (R_1,S)
11 hi MS_2 (R_1,R_2,S) : *w.c.* MS_1
12 yuktam MS_1 (R_1,R_2,S) : ayuktam MS_2
13 °sākalyasāmarthya° MS_2 (R_1,R_2,S) : °sāmarthya° MS_1
14 svatantrād (R_1,R_2) *for* svā~~n~~tantryād MS_2
15 kadācit<a>kaṃ MS_2
16 ~~na~~ hatavaḥ MS_2
17 tu MS_1 : etat MS_2 (R_1,R_2,S)

[a]atha kāryasyaivāyam aparādho yad idaṃ samarthe kā$_{15a1}$raṇe saty api kadācin nopapadyata[1] iti cet.[a] na tat tarhi tatkāryaṃ, svātantryāt. yad bhāṣyam,

[b]sarvāvasthāsamāne 'pi kāraṇe yady akāryatā |
svatantraṃ[2] kāryam evaṃ syān na tatkāryaṃ tathā sati ||[b]

atha [c]na tadbhāve bhavatīti tatkāryam ucyate, kiṃ $_{42b1}$ tu tadabhāve na[3] bhavaty eveti vyatirekaprādhānyād iti cet.[c]

na[4]. [d]yadi hi[5] svayaṃ bhavan bhāvayed eva hetuḥ svakāryam, tadā tadabhāvaprayukto 'syābhāva iti pratītiḥ syāt[6]. no cet, yathā kāraṇe saty api kāryaṃ svātantryān[7] na bhavati, tathā tadabhāve[8] 'pi svātantryād[9] eva na bhūtam iti śaṅkā kena nivāryeta[10].[d] yad bhāṣyam[11][,]

[e]tadbhāve 'pi na bhāvaś[12] ced abhāve 'bhāvitā kutaḥ |
tadabhāvaprayukto 'sya so 'bhāva iti tat kutaḥ ||[e]

[f]tasmād yathaiva tadabhāve[13] niyamena na bhavati tathaiva tadbhāve niyamena bhaved eva. abhavac ca na tatkāraṇatām ātma$_{15b1}$naḥ kṣamate.[f]

[g]yac coktaṃ prathamakāryotpādanakāle hy uttarakāryotpādanasvabhāvaḥ[14], ataḥ prathamakāla evāśeṣāṇi kāryāṇi kuryād iti, tad idaṃ m-

---

[a] **Ce'e** KBhA 29,17-18 [b] **Ce** PVBh I.396 [c] **Ce** KBhA 29,23-24 [d] **Ce'e** PVBh 61,13-14; KBhA 30,4-6 [e] **Ce** PVBh I.411; KBhA 30,1-2 [f] **Ce'e** KBhA 30,6-8 [g] (to 21,4) *comp.* KSV 85,29-86,2; **Ce'e** NBhū 523,9-14

---

1 no{pa}padyata MS$_1$
2 °tantre (R$_1$) *for* °tantraṃ
3 (tadabhāve na R$_2$: tadabhāvena R$_1$,S)
4 {[na]} MS$_1$
5 hi MS$_2$ (R$_1$,R$_2$,S) : *w.c.* MS$_1$
6 syāt MS$_2$ (R$_1$,R$_2$,S) : *w.c.* MS$_1$
7 kāryaṃ sv(ā)° MS$_1$ (R$_1$,R$_2$) : kāryasvā° MS$_2$ (S)
8 tadabhā<ve> MS$_2$
9 svātan{tr}yād MS$_1$
10 nivāryet<a> MS$_2$ (R$_1$,R$_2$,S) : nirvāryate MS$_1$
11 bhāṣyam MS$_2$ (R$_1$,R$_2$,S) : āha MS$_1$
12 bhā<va>ś MS$_2$
13 ta{dabh}āve MS$_1$ (R$_2$) : tadbhāve MS$_2$ (R$_1$,S)
14 °kāryotpādana° MS$_2$ (R$_1$,R$_2$,S) : °kāryajanana° MS$_1$

ātā me bandhyetyādivat svavacanavirodhād[1] ayuktam. [a]yo hy uttarakāryajananasvabhāvaḥ sa katham ādau kāryaṃ kuryāt. na tarhi tatkāryakaraṇasvabhāvaḥ. na hi nīlotpādanasvabhāvaḥ pītādikam api karotīti.[g>,a]

atrocyate. [b]sthirasvabhāvatve hi bhāvasyottarakālam evedaṃ[2] kāryaṃ na pūrvakālam iti kuta etat. tadabhāvāc ca kāraṇam apy uttarakāryakaraṇasvabhāvam ity api kutaḥ.[b]

[c]kiṃ kurmaḥ. [d]uttarakālam eva tasya[3] janmeti[d] cet. astu, sthiratve tad anupapadyamānam asthiratām ādiśatu.[c] [e]sthiratve 'py eṣa eva svabhāvas tasya yad uttarakṣaṇa eva karotīti cet.[e] [f]hatedānīṃ[4] pramāṇapratyāśā. dhūmād atrāgnir[5] i$_{16a1}$ty atrāpi svabhāva evāsya yad idānīm atra niragnir api[6] dhūma iti vaktuṃ śakyatvāt. tasmāt pramāṇasiddhe[7] svabhāvāvalambanam[8]. na tu svabhāvāvalambanena pramāṇavyālopaḥ.[f]

tasmād yadi kāraṇasyottarakāryakārakatvam[9] abhyupagamya kāryasya prathamakṣaṇabhāvitvam āsajyate[10], syāt svavacanavirodhaḥ. yadā tu kāraṇasya sthiratve kāryasyottarakālatvam evāsaṅgatam ataḥ kāraṇasyāpy uttarakāryajanakatvaṃ vastuto 'sambhavi tadā prasaṅgasādhanam idam. jananavyavahāragocaratvaṃ hi jananena vyāptam iti prasādhitam. uttarakāryajananavyavahāragocaratvaṃ[11] ca tvadabhyupa-

---

[g>] (from 20,17) [a] *comp.* KSV 90,25-27; **Ce'e** KBhA 27,8-11 [b] *comp.* KSV 90,27-28; **Ce** KBhA 27,23-25 [c] *comp.* KSV 90,29-30; **Ce** KBhA 27,26-28,1 [d] **Ce'e** NBhū 523,21-22 [e] *comp.* KSV 90,30-91,1; **Ce** KBhA 28,1-2 [f] **Ce'e** 28,2-5

---

[1] °virodhād MS$_1$ (R$_1$,R$_2$) : °nirodhād MS$_2$ (S)
[2] °kāla~~bhe~~....daṃ MS$_2$
[3] tasya MS$_2$ (R$_1$,R$_2$,S) : *w.c.* MS$_1$
[4] hate° MS$_1$ (R$_2$) : ute° MS$_2$ (R$_1$,S)
[5] atrāgnir MS$_1$ (R$_1$,R$_2$) : agnir MS$_2$ (S)
[6] api MS$_2$ (R$_1$,R$_2$,S) : *w.c.* MS$_1$
[7] °siddhe MS$_2$ (S) : °prasiddhe MS$_1$ (R$_1$,R$_2$)
[8] °ālamb° (R$_2$) *for* °āvalamb°
[9] °kāraka° MS$_2$ (R$_1$,R$_2$,S) : °karaṇa° MS$_1$
[10] āsajyate MS$_2$ (R$_1$,R$_2$,S) : āsaṃkyate MS$_1$
[11] °janana° MS$_1$ (R$_1$,R$_2$,S) : °karaṇakālajanana° MS$_2$

gamāt[1] prathamakāryakaraṇakāla eva ghaṭe dharmiṇi siddham[2]. atas tanmātrānubandhina uttarābhimatasya kāryasya[3] prathame kṣaṇe 'saṃbhavād eva prasaṅgaḥ kriyate.

[a]na hi nīlakā$_{16b1}$rake 'pi pītākārakatvārope pītasaṃbhavaprasaṅgaḥ svavacanavirodho nāma.[a] tad evaṃ śaktaḥ sahakāryanapekṣatvāj[4] jananena vyāptaḥ[5]. ajanayaṃś ca śaktāśa$_{43a1}$ktatvaviruddhadharmādhyāsād bhinna eva.

nanu [b]bhavatu prasaṅgaviparyayabalād ekakāryaṃ prati śaktāśaktatvalakṣaṇaviruddhadharmādhyāsaḥ. tathāpi na tato bhedaḥ[6] sidhyati.[b] tathā hi bījam aṅkurādikaṃ kurvad[7] [c]yadi yenaiva svabhāvenāṅkuraṃ[8] karoti tenaiva kṣityādikaṃ tadā kṣityādīnām apy aṅkurasvābhāvyāpattiḥ.[c] nānāsvabhāvatvena tu[9] kārakatve svabhāvānām anyonyābhāvāvyabhicāritvād[10] ekatra bhāvābhāvau parasparaviruddhau[11] syātām ity ekam api[12] bījaṃ bhidyeta[13]. evaṃ [d]pradīpo 'pi tailakṣayavartidāhādikam.[d] tathā [e]pūrvarūpam apy uttararūparasagandhādikam anekaiḥ[14] svabhāvaiḥ parikalitaṃ[15] karoti.[e] teṣāṃ ca svabhā$_{17a1}$vānām anyonyābhāvāvyabhicārād viruddhānāṃ yoge pradīpādikaṃ bhidyeta[16]. na ca b-

---

[a] **Re** KBhA 29,6 [b] **Ce'e** NBhū 521,26 [c] **Ce'e** NK 96,30-31; NVTT 841,24-25; KBhA 49,18-23 [d] **Ce'e** NBhū 528,16-17; KBhA 30,11-12 [e] **Ce'e** NBhū 523,18; KBhA 32,18-19

---

[1] tvad° MS_2 (R_1,R_2,S) : tad° MS_2
[2] siddham MS_2 (R_1,R_2,S) : siddhaḥ MS_1
[3] °matasya kāryasya MS_2 (R_1,R_2,S) : °matakāryasya MS_1
[4] °kṣatvāj MS_1 : °kṣitatvād MS_2 (R_1,R_2,S)
[5] jananena vyāptaḥ MS_2 (R_1,R_2,S) : janayan prāptaḥ MS_1
[6] na tato bhedaḥ MS_2 (R_1,R_2,S) : tato bhedo na MS_1
[7] ku<r>vad MS_1
[8] °āṅkuraṃ MS_2 (S) : °āṅkurādikaṃ MS_1 (R_1,R_2)
[9] °svabhāvatvena tu MS_2 (R_1,R_2,S) : °svabhāvena MS_1
[10] °abhāvā° (R_1) *for* °ābhāvā°
[11] °viruddhau MS_1 (R_1,R_2,S) : °viruddho MS_2
[12] ekam api MS_2 (R_1,R_2,S) : ekatve 'pi MS_1
[13] bhidyeta MS_1 (R_1,R_2,S) : bhidyate MS_2
[14] anaikaiḥ (R_1,R_2) *for* anekaiḥ
[15] °kalitaṃ MS_1 (R_1,R_2) : °karitaṃ MS_2 (S)
[16] bhidyeta MS_1 (R_1,R_2,S) : bhidyate MS_2

hidyate. tan na viruddhadharmādhyāso bhedakaḥ. tathā bījasyāṅkuraṃ[1] prati kārakatvaṃ gardabhādikaṃ[2] praty akārakatvam iti kārakatvākārakatve[3] viruddhau dharmau. na ca tadyoge 'pi bījabhedaḥ.

tad evaṃ ekatra bīje pradīpe rūpe ca vipakṣe paridṛśyamānaḥ śaktāśaktatvādir viruddhadharmādhyāso na ghaṭāder bhedaka[4] iti.

atra brūmaḥ. bhavatu tāvad bījādīnām anekakāryakāritvad dharmabhūtānekasvabhāvabhedaḥ, tathāpi kaḥ prastāvo viruddhadharmādhyāsasya. svabhāvānāṃ hy anyonyābhāvāvyabhicāre bhedaḥ prāptāvasaro na virodhaḥ. [a]virodhas tu yadvidhāne yanniṣedho yanniṣedhe ca[5] yadvidhānaṃ tayor ekatra dharmiṇi parasparaparihrasthitatayā syāt.[a] tad atraikaḥ[6] svabhāvaḥ svābhāvena[7] $_{17b1}$ viruddho yukto bhāvābhāvavat, na tu svabhāvāntareṇa[8] ghaṭatvavastutvavat.

evam aṅkurādikāritvaṃ tadakāritvena viruddham, na punar vastvantarākāritvena[9]. pratyakṣavyāpāraś cātra yathā nānādharmair adhyāsitaṃ bhāvam abhinnaṃ vyavasthāpayati[10] tathā tatkāryakāriṇaṃ kāryāntarākāriṇaṃ[11] ca. tad yadi pratiyogitvābhāvād anyonyābhāvāvyabhicāriṇāv[12] api svabhāvāv aviruddhau[13] tatkārakatvānyākārakatve vā viṣayabhedād aviruddhe, tat kim āyātam ekakāryaṃ prati śaktāśaktatvayoḥ parasparapratiyoginor viruddhayor dharmayoḥ. etayor api punar a-

---

[a] **Re** KBhA 25,21-22; 38,15-17; NBT 203,11-12

---

[1] bīj<a>° MS$_2$
[2] gardabhād viruddhānāṃdikaṃ (R$_1$) *for* gardabhādikaṃ
[3] °tve MS$_1$: °tve 'pi MS$_2$ (R$_1$,R$_2$,S)
[4] na ghaṭāder bhe° *em.* (R$_1$,R$_2$,S) : ghaṭāder na bhe° MS$_1$: ghaṭābhe° MS$_2$
[5] ca MS$_1$ (R$_1$,R$_2$) : *w.c.* MS$_2$ (S)
[6] tad atraikaḥ MS$_2$ (R$_1$,R$_2$,S) : tatraikaḥ MS$_1$
[7] svā° *em.* (R$_1$,R$_2$,S) : sva° MS$_1$,MS$_2$
[8] svabhā<vā>° MS$_2$
[9] °antarākā° MS$_1$: °antarakā° MS$_2$ (R$_1$,R$_2$,S)
[10] vyava° MS$_2$ (R$_1$,R$_2$,S) : ava° MS$_1$
[11] °ntara° (R$_1$) *for* °ntarā°
[12] °<ā>vyabhicāriṇ<ā>v MS$_2$
[13] °ddhau MS$_1$ (R$_1$,R$_2$,S) : °ddho MS$_2$

virodhe[1] virodho nāma dattajalāñjaliḥ.

bhavatu tarhy ekakāryāpekṣayaiva sāmarthyāsāmarthyayor virodhaḥ. kevalaṃ yathā tad eva kāryaṃ prati kvacid deśe śaktir[2] deśāntare cāśaktir iti deśabhedād aviruddhe śa$_{18a1}$ktyaśaktī[3] tathaikatraiva kārye [a]kālabhedād apy aviruddhe, yathā[4] pūrvaṃ niṣkriyaḥ[5] sphaṭikaḥ sa e$_{43b1}$va paścāt sakriya iti[a] cet.

ucyate. na hi vayaṃ paribhāṣāmātrād ekatra[6] kārye deśabhedād aviruddhe śaktyaśaktī brūmaḥ, kiṃ[7] tu virodhābhāvāt. taddeśakāryakāritvaṃ hi taddeśakāryākāritvena viruddham, na punar deśāntare tatkāryākāritvenānyakāryakāritvena[8] vā.

yady evaṃ tatkālakāryakāritvaṃ tatkālakāryākāritvena viruddham. na punaḥ kālāntare tatkāryākāritvenānyakāryakāritvena[9] vā. tat kathaṃ kālabhede 'pi virodha iti cet.

ucyate. [b]dvayor[10] hi dharmayor ekatra dharmiṇy anavasthitiniyamaḥ parasparaparihārasthitilakṣaṇo virodhaḥ. sa ca sākṣātparasparapratyanīkatayā bhāvābhāvavad vā bhavet[11], ekasya[12] niyamena $_{18b1}$ [c]pramāṇāntareṇa bādhanān[c] nityatvasattvavad vā bhaved[b] iti na kaścid arthabhedaḥ. tad atraikadharmiṇi[13] tatkālakāryakāritvādhāre[14] kālāntare tat-

---

[a] **Ce'e** NBhū 521,26-28; KBhA 22,17-18 [b] **Re** KBhA 37,17-19 [c] **Re** PV IV.279; PVBh 640,8; PVV 510,20

---

[1] avirodhe MS$_1$ (R$_1$,R$_2$,S) : avirudhe MS$_2$
[2] śakti<r> MS$_2$
[3] śakty<a>śa° MS$_2$
[4] tathaikatraiva kārye kālabhedād apy aviruddhe, yathā *em.* : tathaikatraiva kāryakālabhedād apy aviruddhe, yathā MS$_2$ (R$_1$,R$_2$,S) : tathā MS$_1$
[5] °kriy<a>ḥ MS$_2$
[6] ekatra MS$_2$ (R$_1$,R$_2$,S) : eva MS$_1$
[7] k(i)n MS$_2$
[8] °ānyakāryakāri° MS$_2$ (R$_1$,R$_2$,S) : °ānyakāryākāri° MS$_1$
[9] °ānyakāryakāri° *em.* (R$_2$,S) : °ānyakāryākāri° MS$_1$ (R$_1$) : °ānyakāri° MS$_2$
[10] dvayo<r> MS$_2$
[11] °bhāvavad vā bhavet MS$_2$ (R$_1$,R$_2$,S) : °bhāva<>bhavet MS$_1$
[12] ekasya MS$_1$: ekasya vā MS$_2$ (R$_1$,R$_2$,S)
[13] atraikadhar° MS$_2$ (R$_1$,R$_2$,S) : atraikatra dhar° MS$_1$
[14] °kārya° *em.* (S) : °tatkārya° MS$_1$ (R$_1$,R$_2$) : °kāryā° MS$_2$

kāryākāritvasyānyakāryakāritvasya[1] vā[2] niyamena pramāṇāntareṇa[3] bādhanād virodhaḥ.

tathā hi yatraiva dharmiṇi tatkālakāryakāritvam upalabdhaṃ na tatraiva kālāntare tatkāryākāritvam anyakāryakāritvaṃ vā brahmaṇāpy upasaṃhartuṃ śakyate[4], yenānayor avirodhaḥ syāt, kṣaṇāntare kathitaprasaṅgaviparyayahetubhyām avaśyaṃbhāvena[5] dharmibhedaprasādhanāt.

na ca pratyabhijñānād[6] ekatvasiddhiḥ, tatpauruṣasya nirmūlitatvāt[7]. ata eva [a]vajro 'pi pakṣakukṣau[8] nikṣiptaḥ. katham asau[9] sphaṭiko varākaḥ[a] kālabhedenābhedaprasādhanāya[10] dṛṣṭāntībhavitum[11] arhati.

na caivaṃ samānakālakāryāṇāṃ deśabhede 'pi $_{19a1}$ dharmibhedo yukto, bhedaprasādhakapramāṇābhāvāt[12], indriyapratyakṣeṇa nirastavibhramāśaṅkenābhedaprasādhanāc ceti [b]na kālabhede 'pi śaktyaśaktyor[13] virodhaḥ svasamayamātrād apahastayituṃ śakyaḥ[14],[b] samayapramāṇayor apravṛtter iti. tasmāt sarvatra viruddhadharmādhyāsasiddhir eva bhedasiddhiḥ. vipratipannaṃ prati tu viruddhadharmādhyāsād bhedavyavahāraḥ sādhyate.

---

[a] **Re** KBhA 24,16 [b] **Re** KBhA 24,18

---

[1] tatkāryā° *em.* (R_1,R_2,S) : tat° MS_1 : tatkārya° MS_2
[2] vā MS_2 (R_1,R_2,S) : *w.c.* MS_1
[3] °āntare<ṇa> MS_2
[4] śaktaye (R_1) *for* śakyate
[5] ava(ś)yaṃ° MS_2
[6] °jñānād MS_2 (R_1,R_2,S) : °jñānāder MS_1
[7] ni<r>mūli° MS_2
[8] °kūkṣau (S) *for* °kukṣau
[9] katham asau MS_2 (R_1,R_2,S) : kiṃ punaḥ MS_1
[10] °prasādha° MS_1 (R_1,R_2) : °sādha° MS_2 (S)
[11] dṛṣṭāṣṭāntī° MS_1
[12] °prasādhaka° MS_1 (R_1,R_2) : °sādhaka° MS_2 (S)
[13] °tayo<r> MS_2
[14] śakta<ḥ> MS_2

nanu tathāpi [a]sattvam idam anaikāntikam[1] evāsādhāraṇatvāt sandigdhavyatirekatvād[2] vā. yathā hīdaṃ kramākramanivṛttāv[3] akṣaṇikān nivṛttam, tathā sāpekṣatvānapekṣatvayor[4] ekatvānekatvayor[5] api vyāpakayor nivṛttau kṣaṇikād api.[a]

tathā hy [b]upasarpaṇapratyayena[6] devadattakarapallavādinā sahacaro bījakṣaṇaḥ pūrvasmād eva puñjāt samartho jāto 'napekṣa ādyātiśayasya janaka $_{44a1,19b1}$ iṣyate.[b] tatra ca [c]samānakuśūlajanmasu bahuṣu bījasantāneṣu kasmāt kiñcid eva bījaṃ paramparayāṅkurotpādānuguṇam[7] upajanayati bījakṣaṇam, nānye bījakṣaṇā bhinnasantānāntaḥpātinaḥ. na hy upasarpaṇapratyayāt prāg eva teṣāṃ[8] samānāsamānasantānavartināṃ[9] bījakṣaṇānāṃ kaścit paramparātiśayaḥ[10].[c]

[d]athopasarpaṇapratyayāt[11] prāṅ na tatsantānavartino 'pi janayanti paramparayāpy[12] aṅkurotpādānuguṇaṃ bījakṣaṇaṃ bījamātrajananāt[13] teṣām, kasyacid eva bījakṣaṇasyopasarpaṇapratyayasahabhuva[14] ādyātiśayotpādaḥ[15]. hanta tarhi tadabhāve[16] saty utpanno 'pi janayed[17] ev-

---

[a] **Ce** KBhS 236,28-237,2; NVTT 841,6-8; **Ce'e** NK 97,16-18; KBhA 50,12-13 [b] **Re** NK 96,13-16; KBhA 44,21-23 [c] **Ce** NK 96,16-19; KBhA 45,1-4 [d] (to 27,1) **Ce** NK 96,19-22; KBhA 45,4-7

---

[1] ida{m a}naikā° MS_1
[2] °atvād MS_2 (R_1,S) : °itvād MS_1 (R_2)
[3] °nivṛttāv MS_1 (R_1,R_2,S) : °nivṛtti MS_2
[4] °kṣatvāna° *em.* (R_2) : °kṣatvānā° MS_2 (R_1,S) : °kṣitvāna° MS_1
[5] °ānekātvayor° (R_1) *for* °ānekatvayor°
[6] upasa<r>pa° MS_2
[7] parampa° MS_2 (R_1,R_2,S) : paraspa° MS_2
[8] eva teṣāṃ MS_2 (R_1,R_2,S) : eteṣāṃ MS_1
[9] vartinā<ṃ> MS_2
[10] parampa° MS_1 (R_1,R_2,S) : paraspa° MS_2
[11] °sarpaṇapratyayāt MS_1 (R_1,R_2) : °sa<r>paṇāt MS_2 (S)
[12] paramp° MS_1 (R_1,R_2,S) : parasp° MS_2
[13] °jananā<t> MS_2
[14] °sa<r>paṇa° MS_2
[15] °pāda<ḥ> MS_2
[16] tad° MS_1 (R_1,R_2) : yad° MS_2 (S)
[17] janayed *em.* (KBhA 45,6-7: hanta tarhi tadabhāve saty utpanno 'pi janayed eva) : na janayed MS_1,MS_2 (R_1,R_2,S)

a[1].[d>] [a]tathā ca[2] kevalānāṃ vyabhicārasaṃbhavād ādyātiśayotpādam[3] aṅkurotpādaṃ[4] vā prati kṣityādīnāṃ parasparāpekṣāṇām evotpādakatvam akāmenāpi[5] svīkartavyam.[a] $_{20a1}$ ato na tāvad anapekṣā kṣaṇikasya sambhavinī.

nāpy[6] apekṣā yujyate, [b]samasamayakṣaṇayoḥ[7] savyetaragoviṣāṇayor[8] ivo[b]pakāryopakārakabhāvāyogād iti nāsiddhaḥ prathamo vyāpakābhāvaḥ.

[c]api cāntyo bījakṣaṇo 'napekṣo[9] 'ṅkurādikaṃ kurvan yadi yenaiva rūpeṇāṅkuraṃ karoti tenaiva kṣityādikaṃ, tadā kṣityādīnām[10] apy aṅkurasvābhāvyāpattir[11] abhinnakāraṇatvād[12,c] iti na tāvad ekatvasaṃbhavaḥ.

nanu [d]rūpāntareṇa karoti. tathā hi bījasyāṅkuraṃ praty upādānatvam[13]. kṣityādikaṃ[14] tu prati sahakāritvam. yady evaṃ[15] sahakāritvopādānatve[16], kim ekaṃ tattvaṃ[17] nānā vā. ekaṃ cet, kathaṃ rūpāntareṇa janakam. nānātve tv anayor bījād bhedo 'bhedo vā. bhede[18] kathaṃ bījasya janakatvaṃ tābhyām evāṅkurādīnām utpatteḥ. abhede $_{20b1}$ vā kat-

---

[d>] (from 26,12) [a] **Ce** NK 96,26-28; KBhA 45,10-12 [b] **Re** NVTT 842,16-17 [c] **Ce'e** NK 96,29-30,1; NVTṬ 841,24-27; KBhA 49,18-21 [d] (to 28,2) **Re** NK 90,4-7; NVTT 842,7-12; KBhA 50,1-6

---

[1] e<va> MS$_2$
[2] ca MS$_1$ (R$_1$,R$_2$) : *w.c.* MS$_2$ (S)
[3] °pādam MS$_2$ (S) : °pādakam MS$_1$ (R$_1$,R$_2$)
[4] aṅkurotpādaṃ *em.* (NK) : aṅkuraṃ MS$_2$ (R$_1$,R$_2$,S) : aṅkurādikaṃ MS$_1$
[5] akāmenāpi *em.* (R$_1$,R$_2$) : akāmakenāpi MS$_1$,MS$_2$ (S)
[6] nāpy MS$_2$ (R$_1$,R$_2$,S) : na MS$_1$
[7] °kṣa<ṇa>yoḥ MS$_2$
[8] savye° MS$_1$ (R$_1$,R$_2$,S) : savya° MS$_2$
[9] °kṣā (R$_2$) *for* °kṣo<ṃ> MS$_2$
[10] °<ī>nām MS$_2$
[11] °svā° *em.* (R$_1$,R$_2$,S) : °sva° MS$_1$,MS$_2$
[12] °kāra<ṇa>tvād MS$_2$
[13] utpādān(a)tvam MS$_2$
[14] °dikaṃ MS$_2$ (R$_1$,R$_2$,S) : °di[ṃ] MS$_1$
[15] evaṃ MS$_1$ (R$_1$,R$_2$,S) : aivaṃ MS$_2$
[16] °pādāna° MS$_1$ (R$_1$,R$_2$,S) : °tpādāna° MS$_2$
[17] ekaṃ tattvaṃ MS$_1$ (R$_1$,R$_2$) : ekatvaṃ MS$_2$ (: ekan tatvaṃ S)
[18] bhed(e) MS$_1$

haṃ bījasya na[1] nānātvaṃ bhinnatādātmyāt, etayor vaikatvam ekatād-ātmyāt.[d>]

[a]yady ucyeta[2] [b]kṣityādau janayitavye tadupādānaṃ[3] pūrvam eva kṣityādi[b] bījasya[4] rūpāntaram iti, na tarhi bījaṃ tadanapekṣaṃ kṣityādīn-āṃ janakam, tadanapekṣatve teṣām aṅkurād bhedānupapatteḥ[5]. [c]na cā-nupakārakāṇy apekṣyanta[6,c] iti tvayaivotkam. [d]na ca kṣaṇasyopakāras-aṃbhavo 'nyatra jananāt, tasyābhedyatvād[a,d] ity anekatvam api nāstīti dvitīyo 'pi[7] vyāpakābhāvo nāsiddhaḥ[8]. tasmād [e]asādhāraṇānaikāntika-ṃ[9] sattvaṃ[10] gandhavattvavad[e] iti.

[f,g]yadi manyetānupakārakā[11] api bhavanti sahakāriṇo[g] 'pekṣaṇīyāś ca, kāryeṇānuvihitabhāvābhāvāc ca[12] sahakaraṇāc ca, nanv [h]anena kr-ameṇākṣaṇiko 'pi bhāvo 'nupakāra$_{44b1}$kān api sahakāriṇaḥ kramavata-ḥ[13] kramavatkāryeṇānukṛtānvaya$_{21a1}$vyatirekān[14] apekṣiṣyate. kariṣyate ca kramavatsahakārivaśaḥ krameṇa kāryāṇīti[h] vyāpakānupalabdher as-iddheḥ sandigdhavyatirekam[15] anaikāntikaṃ sattvaṃ kṣaṇikatvasiddh-āv[16] iti.[f]

[d>] (from 27,12) [a] **Ce** NK 97,11-14; KBhA 50,7-10 [b] **Re** NVTT 842,12 [c] **Re** PVSV 43,20-21; 53,26 [d] **Re** NVTT 842,16 [e] **Ce** NK 97,17-18; KBhA 50,13-14; **Re** NVTT 841,8 [f] **Ce** NK 97,19-24; KBhA 50,15-19 [g] **Re** NVTT 839,22 [h] **Re** NVTT 842,20-22

---

1 na MS_2 (R_1,R_2,S) : *w.c.* MS_1
2 ucyeta MS_1 (R_1,R_2,S) : ucyate MS_2
3 °upādān(a)ṃ MS_2
4 kṣityādibījasya (R_1,R_2,S) *for* kṣityād<i> bījasya MS_2
5 aṅkurād bhedānupapatteḥ MS_1(R_2) : aṅkurodbhedo 'nupapatte<ḥ> MS_2 (: aṅkurodbhedānupapatteḥ R_1,S)
6 apekṣyanta *em.* (NK) : apekṣanta MS_1,MS_2 (R_1,R_2,S)
7 dvitī(yo 'pi) MS_2
8 nāsiddhaḥ MS_1 (R_2) : na siddhaḥ MS_2 (R_1,S)
9 °kaṃ *em.* (NK) : °katvaṃ MS_1,MS_2 (R_1,R_2,S)
10 sattvaṃ MS_1 : *w.c.* MS_2 (R_1,R_2,S)
11 °(e)~~di~~tānupakārakā MS_2 (*em.* R_1,R_2,S) : °etānupakāra{ka} MS_1
12 ca MS_1 (R_1,R_2) : *w.c.* MS_2 (S)
13 kramavat<a>ḥ MS_2
14 kramavatkā° MS_2 (R_1,R_2,S) : kā° MS_1
15 °vyati<reka>m MS_1
16 °katvasi° MS_2 (R_1,R_2,S) : °kasi° MS_1

atra brūmaḥ. [a]kīdṛśaṃ punar apekṣārtham ādāya kṣaṇike sāpekṣānapekṣatvanivṛttir ucyate.[a] kiṃ sahakāriṇam apekṣata iti sahakāriṇāsyopakāraḥ kartavyaḥ[1]. atha pūrvāvasthitasyaiva bījādeḥ sahakāriṇā saha saṃbhūyakaraṇam, yad vā pūrvāvasthitasyety anapekṣya militāvasthasya[2] karaṇamātram apekṣārthaḥ.

atra [b]prathamapakṣasyāsaṃbhavād[3] anapekṣaiva kṣaṇikasya. katham ubhayavyāvṛttiḥ[4].[b] yady anapekṣaḥ kṣaṇikaḥ[5], kim ity upasarpaṇapratyayābhāve[6] 'pi na karoti. karoty eva yadi syāt. svayam asaṃbhavī tu kathaṃ karotu.

[c]atha tad vā tādṛg vāsīd iti na kaścid vi$_{21b1}$śeṣaḥ. tatas tādṛksvabhāvasaṃbhave[7] 'py akaraṇaṃ sahakāriṇi[8] nirapekṣatāṃ na kṣamata iti cet.[c] [d]asaṃbaddham etat, varṇasaṃsthānasāmye[9] 'py akartus tatsvabhāvatāyā virahāt.[d] sa cādyātiśayajanakatvalakṣaṇaḥ[10] svabhāvaviśeṣo[11] na samānāsamānasantānavartiṣu bījakṣaṇeṣu sarveṣv[12] eva saṃbhavī, kiṃ tu keṣucid eva karmakarakarapallavasahacareṣu[13].

[e]nanv ekatra kṣetre niṣpattilavanādipūrvakam ānīyaikatra kuśūle kṣiptāni sarvāṇy eva bījāni[14] sādhāraṇarūpāṇy eva pratīyante. tat kutastyo 'yam ekabījasaṃbhavī[15] viśeṣo nānyeṣām[16,e] iti cet. ucyate. [f]kāraṇ-

---

[a] **Ce'e** KBhA 45,24 [b] **Ce'e** KBhA 45,25-46,1 [c] **Ce** KBhA 46,3-4 [d] **Ce'e** KBhA 46,4-5
[e] **Ce** KBhA 46,15-17 [f] (to 30,2) **Re** KBhA 46,20-21

---

1 kartavyataḥ MS$_2$
2 anapekṣyamil° (R$_1$,R$_2$) *for* anapekṣya mil° MS$_1$: anapekṣamil° MS$_2$ (S)
3 °āsaṃbhavād *em.* (R$_1$,R$_2$,S) : °āsaṃ<>bha<>vād MS$_1$: °pakṣasyiā° MS$_2$
4 °vṛtti<ḥ> MS$_2$
5 *w.c.* (R$_2$) *for* kṣaṇikaḥ
6 upasarpaṇ<a>° MS$_2$
7 tādṛksvabhāvasaṃbhave MS$_2$ (R$_1$,R$_2$,S) : tādṛśasvabhāve MS$_1$
8 °kāriṇ<i> MS$_2$
9 varṇasa<ṃ>sthā° MS$_2$ (R$_1$,R$_2$,S) : vastusaṃsthā° MS$_1$
10 cādyāt<i>śaya° MS$_1$
11 svabhāvalaviśeṣo MS$_2$: svabhāvaviś<e>ṣo MS$_1$
12 sarveṣy (R$_1$) *for* sarveṣv
13 °saha[sa]careṣu MS$_1$
14 bījāni MS$_1$ (R$_1$,R$_2$,S) : abījāni MS$_2$
15 eka° MS$_2$ (R$_1$,R$_2$,S) : katipaya° MS$_1$
16 nānyeṣām *em.* (KBhA) : 'nyeṣām MS$_2$ (R$_1$,R$_2$,S) : bījakṣaṇānām MS$_1$

am khalu sarvatra kārye dvividham[1] dṛṣṭam adṛṣṭaṃ ceti[2] sarvāstikaprasiddham etat.[f>] tataḥ[3] pratyakṣaparokṣasahakāripratyayasākalyam asarvavidā[4] pratyakṣato na śakyaṃ pratipattum. [a]tato bhaved api kāraṇasāmagrīśakti$_{22a1}$bhedāt tādṛśaḥ svabhāvabhedaḥ[5] keṣāñcid eva bījakṣaṇānāṃ yena ta eva bījakṣaṇā[6] ādyātiśayam aṅkuraṃ vā paramparayā janayeyuḥ, nānye ca[7] bījakṣaṇāḥ.[a]

nanu yeṣūpasarpaṇapratyayasahacareṣu svakāraṇaśaktibhedād ādyātiśayajanakatvalakṣaṇo[8] viśeṣaḥ saṃbhāvyate sa tatrāvaśyam astīti kuto labhyam iti cet. aṅkurotpādād anumitād ādyātiśayalakṣaṇāt[9] kāryād iti brūmaḥ.

kāraṇānupalabdhes[10] tarhi tadabhāva eva bhaviṣyatīti cet. na, dṛśyādṛśyasamudāyasya kāraṇasyādarśane 'py abhāvāsiddheḥ kāraṇānupalabdheḥ sandigdhāsiddhatvāt. tad ayam arthaḥ,

pāṇisparśavataḥ kṣaṇasya[11] na bhidā bhinnā$_{45a1}$nyakālakṣaṇād[12]
bhedo veti matadvaye mitibalaṃ yasyāsty asau[13] jitvaraḥ |
tatraikasya balaṃ nimittavirahaḥ kāryāṅgam anyasya vā
sāmagrī tu na sarvathekṣaṇasahā kārya$_{22b1}$ṃ tu mānānugam[14] ||

iti. tad evaṃ [b]nopakāro 'pekṣārtha ity anapekṣaiva[15] kṣaṇikasya sahak-

---

[f>] (from 29,18) [a] **Ce'e** KBhA 47,2-4 [b] (to 31,1) **Ce** KBhA 49,8

---

[1] (dvivi)dham MS$_2$
[2] ceti MS$_1$ (R$_1$,R$_2$) : ca MS$_2$ (S)
[3] tataḥ MS$_2$ (R$_1$,R$_2$,S) : tat MS$_1$
[4] asarvav(i)dā MS$_1$
[5] °bheda<ḥ> MS$_2$
[6] bījakṣaṇā MS$_2$ (R$_1$,R$_2$,S) : kṣaṇā MS$_1$
[7] ca MS$_1$ (R$_1$,R$_2$) : *w.c.* MS$_2$ (S)
[8] °śaya<~~na~~>° MS$_2$
[9] °pādād anumitād ādyā° *em.* (R$_1$,R$_2$,S) : °pādānumitād ādyā° MS$_1$: °pādād anumitādya<~~na~~>° MS$_2$
[10] k(ā)raṇā° MS$_1$
[11] vataḥ kṣa° MS$_1$ (R$_1$,R$_2$,S) : vatkṣa° MS$_2$
[12] bhidā bhinn° MS$_1$ (R$_1$,R$_2$) : bhedabhinn° MS$_2$ (S)
[13] °stv asau (R$_2$) : °stvosau (R$_1$) *for* °sty asau
[14] °gam MS$_1$ (R$_1$,R$_2$) : °gamam MS$_2$ (S)
[15] °pekṣyaiva (R$_1$,S) *for* °pekṣaiva

āriṣu, nobhayavyāvṛttiḥ.[b>]

[a]atha saṃbhūyakaraṇam apekṣārthaḥ, tadā yadi pūrvasthitasyeti viśeṣaṇāpekṣā tadā kṣaṇikasya naivaṃ kadācid ity anapekṣaivākṣīṇā.[a]

[b]atha pūrvasthitasyety[1] anapekṣya militāvasthitasyaiva[2] karaṇam apekṣārthas tadā sāpekṣataiva[3] nānapekṣā. tathā ca[4] nobhayavyāvṛttir[5,b] ity asiddhaḥ prathamo vyāpakānupalambhaḥ.

tathaikatvānekatvayor api vyāpakayoḥ kṣaṇikād vyāvṛttir asiddhā, tattadvyāvṛttibhedam[6] āśrityopādānatvādikālpanikasvabhāvabhede[7] 'pi paramārthata ekenaiva svarūpeṇānekakāryaniṣpādanād ubhayavyāvṛtter abhāvāt.

yac ca bījasyaikenaiva svabhāvena kārakatve kṣityādīnām[8] aṅkurasvābhāvyāpattir anyathā kāraṇābhede[9] 'pi $_{23a1}$ kāryabhede[10] kāryasyāhetukatvaprasaṅgād ity uktam tad asaṅgatam, kāraṇaikatvasya kāryabhedasya ca paṭunendriyapratyakṣeṇa[11] prasādhanāt, ekakāraṇajanyatvaikatvayor vyāpteḥ pratihatatvāt, prasaṅgasyānupadatvāt.

yac ca[12] karaṇābhede kāryābheda ity uktaṃ[13] tatra sāmagrīsvarūpaṃ kāraṇam[14] abhipretam. sāmagrīsajātīyatve[15] na kāryavijātīyatety[16] arthaḥ.

[b>] (from 30,18) [a] **Ce** KBhA 49,9-10 [b] **Ce'e** KBhA 49,11-12

---

[1] °syeti MS$_1$ (R$_1$,R$_2$,S) : °syaiti MS$_2$
[2] anapekṣya mil° MS$_1$ (R$_2$) : anapekṣamil° MS$_2$ (: anapekṣyamil° R$_1$,S)
[3] s(ā)pekṣa° MS$_1$
[4] ca MS$_1$: api MS$_2$ (R$_1$,R$_2$,S)
[5] no<~~katvānekatva~~>bhaya° MS$_2$: °vyāvṛ{tti}r MS$_1$
[6] tattad° MS$_1$ (R$_1$,R$_2$,S) : tat° MS$_2$
[7] āśrityopā° MS$_1$ (R$_1$,R$_2$,S) : āśrityotpā° MS$_2$
[8] °ādīnābhi (R$_1$) *for* °ādīnām
[9] kāraṇā° MS$_2$ (R$_1$,R$_2$,S) : karaṇā° MS$_1$
[10] kārya° MS$_1$: kārya° 'pi MS$_2$ (R$_1$,R$_2$,S)
[11] °pratyakṣeṇa MS$_1$ (R$_1$,R$_2$,S) : °pratyakṣaṇā MS$_2$
[12] yac ca MS$_2$ (R$_1$,R$_2$,S) : yatra MS$_1$
[13] uktaṃ MS$_2$ (R$_1$,R$_2$,S) : ukta[ḥ] MS$_1$
[14] °rūpaṃ kāraṇam MS$_2$ (R$_1$,R$_2$,S) : °rūpakāraṇam MS$_1$
[15] °sajāt[ī]ya° MS$_2$
[16] °v<i>jātīya° MS$_1$

na punaḥ sāmagrīmadhyagatenaikenānekaṃ kāryaṃ na kartavyaṃ nāma, ekasmād anekotpatteḥ pratyakṣasiddhatvāt[1]. na caivaṃ pratyabhijñānāt kālabhede 'py abhedasiddhir ity uktaprāyam.

na cendriyapratyakṣaṃ bhinnadeśaṃ sapratighaṃ[2] dṛśyam arthadvayam ekam evopalambhayatīti[3] kvacid upalabdham, yena tatrāpi[4] bhedaśaṅkā[5] syāt, paṭupratyakṣasyāpy[6] apalāpe sarvapramāṇocchedaprasaṅgāt[7].

nāpi sattvahetoḥ[8] sandigdhavyatirekitvam[9], kṣityāder dravyāntarasya[10] 23b1 bījasvabhāvatvenāsmābhir asvīkṛtatvāt, anupakāriṇy apekṣāyāḥ pratyākhyātatvād[11] vyāpakānupalambhasyāsiddhatvāyogāt.

tad etau dvāv[12] api vyāpakānupalambhāv asiddhau na kṣaṇikāt sattvaṃ nivartayata[13] iti nāyam asādhāraṇo hetuḥ.

api ca [a]vidyamāno bhāvaḥ sādhyetarayor aniścitānvayavyatireko gandhavattādivad asādhāraṇo yuktaḥ. prakṛtavyāpakānupalambhāc[14] ca sarvathārthakriyaivāsatī, 45b1 ubhābhyāṃ[15] vādibhyām ubhayasmād vinivartitatvena nirāśrayatvāt. tat katham asādhāraṇānaikāntiko[16] bhaviṣyatīty[17,a] alaṃ pralāpanirbandhena[18].

---

[a] **Ce'e** KBhA 54,13-16

---

1 °tvā<t> MS_2
2 sapratighaṃ MS_2 (R_1,R_2,S) : pratyakṣaṃ MS_1
3 evopa° MS_2 (R_1,R_2,S) : ivopa° MS_1
4 tatr<ā>pi MS_1
5 bhedaśaṅkā MS_2 (R_1,S) : bhede śaṅkā MS_1 (R_2)
6 paṭu° MS_1 : śaṅkāyāṃ vā paṭu° MS_2 (R_1,R_2,S)
7 °ṇoccheda° MS_2 (S) : °ṇasyoccheda° iti MS_1 (: °ṇoccheda° iti R_1,R_2)
8 sattvahetoḥ MS_1 (R_1,R_2) : *w.c.* MS_2 (S)
9 sandigdhavyatirekitvam MS_1 (R_1,R_2) : siaṃdigdhavyatirekaḥ MS_2 (S)
10 āntarasy<a> MS_2
11 °khyātatvād *em.* : °khyātatvāt MS_1 (R_2) : °khyānāt MS_2 (S) (: °khyātatāt R_1)
12 dvā<ṃ>v MS_2
13 nivartayata MS_1 (R_1,R_2) : nivartata MS_2 (S)
14 °mbhā<c> MS_2
15 bhyāṃ<ṃ> MS_2
16 °kāntiko *em.* (R_2) : °kāntikī MS_1,MS_2 (R_1,S)
17 bhaviṣyaty (S) *for* bhaviṣyatīty MS_1 (R_1,R_2) : bhavity MS_2
18 °panirbandhena MS_1 : °pini nirbandhane MS_2 (: °pini nirbandhena R_1,R_2,S)

tad evaṃ śaktasya kṣepāyogāt[1] samarthavyavahāragocaratvaṃ jananena vyāptam iti prasaṅgaviparyayayoḥ[2] sattvahetor[3] api nānaikāntikatvam.

ataḥ kṣaṇabhaṅgasiddhir iti sthitam.

iti sādharmyadṛṣṭānte 'nvayarūpavyāptyā kṣaṇabhaṅgasiddhiḥ samāptā.

24a1 [a]kṛtir iyaṃ mahāpaṇḍitaratnakīrtipādānām iti[4,a].

---

[a] *comp.* KSV 85,7

---

[1] °ayogāt (R_1) *for* °āyogāt
[2] °viparyayayo<ḥ> MS_2
[3] sattvahetor MS_1 : sattve hetor MS_2 (R_1,S) (: satve hetor R_2)
[4] iti MS_2 (R_1,R_2,S) : *w.c.* MS_1

번역과 주해

서언

1,1 따라[보살님]께 귀의합니다.[1]

이 [논서]에서는 긍정수반(anvaya)의 형식을 가지고 있으며 부정수반(vyatireka)[의 형식]을 함의하는, 논리근거(hetu)인 '存在性(sattva)'[2]의 周延關係(vyāpti)가 同法喩에서 진술된다.[3]

논증식

1,4 [周延關係(vyāpti)] : 존재인 것은 무엇이나 찰나적이다, 항아리같이.

[主題所屬性(pakṣadharmatā)] : 논의의 대상이 되고 있는 이 事物들(padārtha)은 존재이다.[4]

---

1 라뜨나끼르띠의 다른 논서인 『주연관계결정론(*Vyāptinirṇaya*)』에는 따라보살님에 대한 예경이 없다. 또한 『찰나멸논증』의 사본에 따라 여기의 tārāyai 대신에 samatabhadrāya나 śrīlokanāthāya와 같은 상이한 표현이 있다. 이런 점을 들어 븨네만(Bühnemann)은 본 사본의 따라보살님에 대한 예경은 라뜨나끼르띠가 아니라 후대의 筆寫者가 첨가한 것으로 본다(Bühnemann 1984).

2 'sattva'의 사전적 의미는 '있는 것', '존재하는 것'이다. 하지만 일체의 찰나멸을 논증하는 논리근거[因, hetu]로서의 'sattva'는 단순히 존재하는 사물이나 사건을 지시하지 않는다. 이 용어는 있는 것을 있는 것이게 하는 특성, 즉 모든 존재의 본성을 지시한다. 이런 점에서 본 역서에서는 인위적이기는 하지만 'sattva'를 '존재성'으로 번역한다.

3 이 게송의 운율은 아누스뚜브(anuṣṭubh)이다. 여기서 라뜨나끼르띠는 이 논서를 저술한 목적을 게송의 형태로 요약하여 밝히고 있다. KSV 83,6~7 : vyatirekātmikā vyāptir ākṣiptānvayarūpiṇī vaidharmyavati dṛṣṭānte sattvahetor ihocyate와 비교.

4 논증식에서 '존재성(sattva)'은 논리근거이며, '찰나성(kṣaṇikatva)'은 논증되는 것[所立法,

논증방법

1,6 논리근거가 그릇된 것일지도 모른다는 의혹을 제거하지 않고는, [이것이] 감각기관의 영역을 벗어난 사물들을 알게 해준다는 사실을 설명할 수 없다. 그릇된 근거[似因, hetvābhāsa]는 '성립되지 않는 것[不成, asiddha]', '모순되는 것[相違, viruddha]', '확정되지 않는 것[不定, anaikāntika]'의 구분에 의해 세 가지이다.[5]

논증식의 입증 I

1,9 우선 위의 [논증식]에서 이 ['존재성(sattva)']은 不成因이 아니다.

---

sādhyadharma]이다. '찰나성'은 '존재성'으로부터 추론된다. 후기 유가행파에서는 이러한 추론을 '존재성으로부터 추론[自性比量, sattvānumāna]'이라고 한다. 7세기에 다르마끼르띠가 이 추론식을 고안했고 11세기에 즈냐나스리미뜨라와 라뜨나끼르띠가 완성했다. 이 추론식에 대해서는 Steinkellner 1968과 1996; Oetke 1993; Yoshimizu 1999; Kyuma 2007 참조.

5 추론(anumāna)은 감관이 미치는 영역 밖에 있는 것들을 알려주는 인식수단이다(HB 1*,2 : parokṣārthapratipatter anumānāśrayatvāt). 추론의 타당성은 논리근거가 옳은 것인지 그릇된 것인지에 의해 결정된다. Pandeya 1984; Gokhale 1992; Gillion 2008 참고. 그릇된 근거(hetvābhāsa)의 종류는 인도 종교철학의 각 학파마다 다르다. 후기 유가행파는 그릇된 근거를 不成因, 相違因, 不定因으로 구분한다. 이들 각각은 다시 세부적으로 구분된다. 예를 들면, 부정인은 '논리근거가 추론의 주제에만 있어 공통되지 않는 것(asādhāraṇānaikāntika)', '논리근거가 이품에 부재하는 것이 의심스러운 것(sandigdhavyatirekānaikāntika)' 등으로 나뉜다.

追記 : '존재성'의 정의

각 학파에서, '존재성'은 '인과효력인 것(arthakriyākāritva)', '有性의 內屬(sattāsamavāya)', '그것 자체로 실재인 것(svarūpasattva)', '生과 滅과 持續에 적합한 것(utpādavyayadhrauvyayogitva)', '바른 인식의 대상인 것(pramāṇaviṣayatva)', '실재를 파악하는 바른 인식의 대상인 것(sadupalambhakapramāṇagocaratva)', '[언어가] 지시하는 대상인 것(vyapadeśaviṣayatva)' 등의 여러 가지로 정의된다.[6] 그럼

6 다르마끼르띠는 '존재성'을 '인과효력인 것'으로 정의한다(PV I.166a : sa pāramārthiko bhāvo ya evārthakriyākṣamaḥ; PV III.3a : arthakriyāsamartham yat, tad atra paramārhtasat; NB I.15 : arthakriyāsāmarhtyalakṣaṇatvād vastunaḥ; HB 3*,4 : arthakriyāyogyalakṣaṇaṃ hi vastu; PVSV 87,4 : yad arhtakriyākāri tad eva vastv iti uktam). 이 정의는 유부의 功能(kāritra)의 개념에서 유래한 것으로 보이지만 다르마끼르띠 이전의 논서에서는 확인되지 않는다(Halbfass 1997 : 241). 존재의 정의로서의 인과효력은 8세기에 다르못따라(Dharmottara)와 샨따라끄시따(Śāntarakṣita)를 거쳐 11세기에 즈냐나스리와 라뜨나끼르띠에 의해 그 개념이 확립되었다. 또한 Nagatomi 1967~1968; Mikogami 1979; Katsura 1983; Nagasaki 1985; Kano 1991; Halbfass 1997; Kaneko 1997; Dunne 2004 : 256~260, Yoshimizu 2007 참조.

니야야-바이세시카 학파는 '존재성'을 '유성의 내속'이나 '그것 자체로 실재인 것'으로 정의한다. 이 학파의 존재론의 체계를 확립한 쁘라샤스따빠다(Praśastapāda)는 존재를 실체(dravya), 속성(guṇa), 특수(viśeṣa), 보편(sāmānya), 내속(samavāya) 운동(karman)의 여섯 가지 범주(padārtha)로 분류하고, 이 중에서 실체·속성·운동은 유성의 내속인 것으로, 특수·보편·내속은 그것 자체로 실재인 것으로 파악한다(Halbfass 1992 : 145). 비요마쉬바(Vyomaśiva)와 쉬리다라(Śrīdhara)같은 후기 주석가들은 이 두 가지 정의를 계승한다(Matilal 1977 : 93ff.; Halbfass 1992 : Chapter 7 and 8).

니야야-바이세시카 학파는 또한 '존재성'을 '실재를 파악하는 바른 인식의 대상인 것'과 '[언어가] 지시하는 대상인 것'으로도 정의한다. 그러나 이러한 정의는 PBh나 그 주석서에는 보이지 않는다. 다만 TSP에서 까말라쉴라(ca. 740~795)가 여섯 가지 존재의 범주를 다루면서 이 두 정의를 니야야-바이세시카 학파의 것으로 간주하고 있다(TSP 14,19~20 : yathā ṣaṇṇām api padārthānām astitvaṃ sadupalambhakapramāṇaviṣayatvam ityevamādayaḥ; TSP 241,12~13 : anyaḥ punar āha, ṣaṇṇām astitvaṃ hi sadupalambhakapramāṇagamyatvam, gamyatvaṃ ca ṣaṭpadārthaviṣayaṃ vijñānam). '실재를 파악하는 바른 인식의 대상인 것'과 '[언어가] 지시하는 대상인 것'은 사실 니야야-바이세시카 학파가 존재를 정의하면서 자주 사용하는 개념인 '인식되는 것(jñeyatva)'과 '언설되는 것(abhidheyatva)'의 다른 표현이라고 할 수 있다(PBh 114,9 : ṣaṇṇām api padārthānām astitvābhidheyatvajñeyatvāni). 이 학파에서 이 두 개념은 공통적으로 모든 사물을 지시한다(Potter 1968~1969; Halbfass 1992 : 158ff.).

자이나교는 '존재성'을 '생, 멸, 지속에 적합한 것'으로 정의한다(TAS 5,29 : utpādavyayadhrauvyuktaṃ sat). 10세기 자이나 논사 우마스와띠(Umāsvāti)는 발생하고, 소멸하고, 지속하는

에도 불구하고 부적절하게 바로 지금 표현된 이들 [정의]가 무슨 소용이 있는가? 왜냐하면 우리 자신은 바른 인식수단을 통해 검증할 수 있으며 사물들의 '존재성'으로 타당한 것만을 인정할 것이기 때문이다.

1,17 [위의 '존재성'의 정의 가운데] 이 [논서]에서는 모든 사람들 사이에 잘 알려져 있는 오직 이 '인과효력인 것(arthakriyākāritva)'만을 '존재성'이라는 말로 표현하여 논증의 수단(sādhana)으로 삼는다. 그리고 바른 인식수단인 지각이나 추론을 통해 실재하는 것이 확인된 것들이 추론의 주제[宗, pakṣa]가 될 때, 이 [인과효력인 것]은 지각 등의 바른 인식수단을 통해 이치에 맞게 알려진다. 따라서 ['존재성'은] 그것 자체로 인해서나 [그것의] 토대 [즉 논의되고 있는 사물들]로 인해서 不成因이 될 가능성은 결코 없다.[7]

2,3 ['존재성'은] 同品(sapakṣa)인 항아리에 있기 때문에 相違[因]도 아니다.[8]

것은 모두 존재이지만 그렇지 않은 것은 존재가 아니라고 설명한다. 이 세 가지 특성은 다른 자이나 논서에도 발견된다. 『산마띠따르까쁘라까라나(*Sanmatitarkaprakaraṇa*)』에서 싯다세나 디바까라(Siddhasena Divākara)는 '존재성'을 동일하게 정의한다(STP 1.12cd : uppāyaṭṭhiibhṃgā haṃdi daviyalakkhaṇaṃ eyaṃ). 또한 『쁘라바짜나사라(*Pravacanasāra*)』에서 꾼다꾼다(Kundakunda)도 생, 멸, 지속하는 것으로 '존재성'을 정의한다(Pr 112,4～5 : apariccattasahāveṇuppādavyadhuvattasaṃjuttaṃ guṇavaṃ ca sapajjāyaṃ jaṃ taṃ davyaṃ ti vuccaṃti). Matilal 1977 : 99 참조.

미망사 쁘라바까라 학파는 '존재성'을 '바른 인식의 대상인 것'으로 정의한다. 이 개념은 '바른 인식에 의해 이해되는 것(pramāṇagamyatā)', '바른 인식과 결합하기에 적합한 것(pramāṇasambandhayogyatā)', '바른 인식에 의해 파악되는 것(pramāṇagrāhyatā)' 등의 다양한 용어로 표현되지만 그 의미는 동일하다. 이 점은 쁘라바까라(Prabhākara)의 『브르하띠(*Bṛhatī*)』에 대한 주석인 『르주비말라(*Ṛjuvimalā*)』에서 샬리까나타(Śālikanātha)에 의해 확인된다(Ṛ 121,114～115 : bhinneṣu tu padārthasvabhāveṣu sacchabdapravṛttau pramāṇasambandhayogyataiva nimittam). 또한 PP 97～100을 참조. '존재성'의 정의가 '바른 인식의 대상인 것'은 BS에도 보인다(BS 85,10 : na pramāṇāvagamyatāyā anyā kācana sattā). BS 85～95; TS 417f.; TSP 188,20f.; 그리고 Halbfass 1992 : 152ff. 참조.

7 다르마끼르띠는 不成因(asiddhahetu)을 두 가지로 세분한다. 하나는 '논리근거 자체가 성립되지 않는 것'이며, 다른 하나는 '논리근거의 토대가 성립되지 않는 것'이다(NB 3,61 : hetor ātmanaḥ sandehe 'siddhaḥ, tathā svayaṃ tadāśrayaṇasya vā sandehe 'siddhaḥ).

8 同品은 추론의 주제와 논증되는 속성(sādhyadharma)을 공유하는 것들이다. 예를 들어 '소리가 무상하다'는 것을 논증하는 추론에서 추론의 주제인 '소리'와 마찬가지로 무상한 항아

[반론] : 추론의 주제(pakṣa)에서와 마찬가지로 이 [항아리]에서도 찰나멸(kṣaṇabhaṅga)은 증명되지 않는다. 이 [항아리]가 어떻게 동품인가? 즉 지각을 통해 이것의 찰나멸은 증명되지 않는다. 그러한 [찰나멸인] 것으로 확정될 수 없기 때문이다. 또한 [항아리의 찰나멸은] '존재성으로부터 추론(sattvānumāna)'[9]에 의해서도 [증명되지] 않는다. 왜냐하면 [각각의 논거는] 다시 [그것 자체를 증명하는] 또 다른 實例를 필요로 하게 되어 무한소급의 오류에 빠지게 되기 때문이다. 그리고 ['존재성으로부터 추론'] 이외에 다른 추론은 없다. 혹 [다른 추론이] 있다고 한다면, 바로 그 [다른 추론]에 의해 추론의 주제에서도 찰나멸은 증명될 것이다. 따라서 '존재성으로부터 추론'은 필요 없게 될 것이다.[10]

[답론] : 실제로 다른 [종류의] 추론인, 귀류법(prasaṅga)이나 귀류환원법(prasaṅgaviparyaya)으로 이루어진, 항아리의 찰나멸을 증명하는 바른 인식수단이 있다.[11]

리는 그 '소리'의 동품이다(NP 2.2 : sādhyadharmasāmānyena samāno 'rthaḥ sapakṣaḥ, tadyathā anitye śabde sādhye ghaṭādir anityaḥ sapakṣaḥ). 이와 반대로 추론의 주제와 논증되는 속성을 공유하지 않는 것들은 異品(vipakṣa)이다. 예를 들어 상주하는 허공(ākāśa)은 '소리'의 이품이다.

相違因(viruddhahetu)은 논리근거가 동품에는 없고 이품에만 있는 것이다. 본문에서 라뜨나끼르띠는 '존재성'이 상위인이 아니라는 것을 증명하기 위하여 동품인 항아리에 이것이 있는 것을 보여주는 데에 초점을 맞추고 있다. 그는 '존재성'과 '찰나성'의 주연관계를 實例인 항아리에 의존하여 확정한다. 이 점은 라뜨나끼르띠가 外周延論者(bahirvyāptivādin)라는 것을 보여준다.

9 '존재성으로부터 추론'에 대해서는 앞의 註4를 참조.

10 라뜨나끼르띠는 원문 8,10~10,9에서 이곳의 반론을 상술한다. 그는 8,10~9,8에서 항아리의 찰나멸이 지각을 통해 증명되지 않는다는 10세기 니야야 논사인 바사르바즈냐(Bhāsarvajña)의 주장을 소개하며, 9,9~10,9에서 이것이 '존재성으로부터 추론'을 통해 증명되지 않는다는 또 다른 니야야 논사들인 비요마쉬바(Vyomaśiva)와 쉬리다라(Śrīdhara)의 주장을 소개한다.

11 귀류법(prasaṅga)과 귀류환원법(prasaṅgaviparyaya)은 긍정수반 형식의 주연관계(anvayavyāpti)를 결정하는 추론식이다. 라뜨나끼르띠는 원문 2,11~4,22와 4,23~5,13에서 귀류법과 귀류환원법을 각각 설명한다. 이 두 가지 추론식은 현대 인도철학계에서 많은 논의가 이루어지고 있다. Kajiyama 1961과 1983; Mimaki 1984; Tillemans 1986; Matilal 1992; Iwata 1993과 1996; Tani 2001; Kano 2001 참조.

추기 : 귀류법과 귀류환원법

2,11 구체적으로 먼저 항아리는 현재의 찰나에서 특정 인과효력을 발생시킨다. 그것은 과거와 미래의 찰나에서도 바로 그 인과효력을 발생시키는가? 아니면 다른 [인과효력을 발생시키는가]? 혹은 어떠한 효력도 [발생시키지] 않는가? 이렇게 세 가지 논리적 가능성이 있다.[12]

2,14 이 [세 가지] 중에서 이미 발생된 것을 [다시] 발생시키는 것이 불가능하므로 첫 번째 논리적 가능성은 옳지 않다.[13]

2,15 만약 두 번째 [논리적 가능성]이라면, 이것에 대해 다음의 것이 검토되어야 한다. 항아리가 현재의 찰나에 속한 果를 생산할 때, 그것은 그 [현재의 찰나]에 과거와 미래의 찰나에 속한 과도 [생산]할 수 있는가, 없는가? 만약 [생산]할 수 있다면, 항아리는 현재의 찰나에 속한 과를 생산하듯이, 바로 그 [현재의 찰나]에 과거와 미래의 찰나에 속한 과도 생산해야만 한다. 왜냐하면 [항아리는] 그 [과]도 [생산할] 수 있기 때문이며, [생산할] 수 있는 것이 [생산을] 미루는 것은 적합하지 않기 때문이다.[14] 그렇지 않다면, [항아리는] 현재의 찰나에 속한 과조차 생산하지 못하게 되는 바라지 않은 결과가 생긴다.

---

12 여기서부터 라뜨나끼르띠는 귀류법을 설명한다. 아비달마와 유가행파의 논서에서 볼 수 있듯이, 이 추론식은 諸行無常의 입장에서 변화로부터 찰나멸을 귀납하는 것에 기반을 두고 있다(Rospatt 1995 : 153~177). 동일한 相續(santāna)에서 전후 찰나의 본성이 변했다는 것은 곧 전 찰나로부터 후 찰나가 달라졌다는 것을 의미한다. 귀류법을 통해 라뜨나끼르띠가 논증하고자 하는 것은 특정 果를 생산하는 본성이 없는 찰나와 있는 찰나는 서로 다르다는 사실이다.

13 이런 논박은 이미 용수(Nāgārjuna)의 『根本中頌(*Mūlamadhyamakakārikā*)』에 제시되어 있다. 예를 들어, 용수는 『근본중송』 XX.13에서 현재의 果는 과거와 미래의 과와 동일한 것이 될 수 없음을 입증한다. 항아리가 현재의 과를 과거의 찰나에 생산하는 것은 불가능하다. 왜냐하면 그것은 과거의 찰나에 아직 존재하지 않았기 때문이다. 항아리는 현재의 과를 미래의 찰나에 생산하는 것도 불가능하다. 왜냐하면 그것은 미래의 찰나에는 이미 소멸하여 존재하지 않기 때문이다.

14 찰나멸의 입장에서 과를 생산할 수 있는 것은 생산을 미룰 수 없다. 후기 유가행파가 제시하는 능력(sāmarthya)은 잠재력이 아니라 실행이다. HB 13,15~17; 13,19; 14,2; TS 395; TSP 183,15~17; KBhA 17,1~7 참조.

전후 찰나에 있는 [항아리]도 [현재의 찰나에 있는 항아리와] 능력에 관한 한 아무런 차이가 없기 때문이다. 그리고 [과를 생산할] 수 있는 [항아리]가 補助因(sahakārin)[15]에 의해 좌우되는 것은 옳지 않기 때문이다. 반면에 만약 [생산할] 수 없다면, 할 수 있는 것(śaktatva)과 할 수 없는 것(aśaktatva)이라는 모순된 두 속성이 단일한 果에 적용되어서 항아리의 찰나멸은 불가피하다.

3,6 또한 세 번째 논리적 가능성도 타당하지 않다. [과를 생산할] 수 있는 본성은 [과거와 미래의 찰나에] 지속되기 때문이다. [과를 생산할] 수 있는 것이 [생산을] 미루는 것조차 불가능한데, 생산하지 않는다는 것은 상상할 수도 없다. 그렇지 않다면, [그것은] 현재의 찰나에 속한 과도 생산하지 못하게 되고 말 것이다.

3,9 따라서 특정한 때에 어떤 것(A)을 '생산한다고 말하기에 적합한 것(jananavyavahārapātra)'[16]은 무엇이나 그때에 그것을 생산해야 한다. 그렇지만 만약 그것이 [A를] 생산하지 않는다면, 그것은 [A를] 생산한다고 말하기에 적합하지 않다. 이렇게 항아리는 하나의 동일한 과와 관련해서 [생산할] 수 있는 본성을 가지고 있는가 혹은 없는가에 따라 찰나마다 차이가 있게 된다. 따라서 [이것이] 同品이라는 것은 부정될 수 없다. 이에 대한 논증식(prayoga)은 다음과 같다.

3,13 [周延關係] : 특정한 때에 어떤 것(A)을 생산한다고 말하기에 적합한

15 'sahakārin'은 果를 생산하는데 필요한 主要因(upādāna) 이외의 모든 因이다. 이 개념에 대한 후기 유가행파와 니야야-바이세시카 학파의 견해는 서로 다르다. 후기 유가행파의 입장에서 sahakārin은 주요인과 함께 과를 공동으로 생산하는 것이지만, 니야야-바이세시카 학파의 입장에서 sahakārin은 주요인을 보조해서 이것이 과를 생산하도록 도와주는 것이다. 이런 의미에서 本譯에서는 sahakārin을 후기 유가행파의 문맥에서는 '共同因'이라 하고 니야야-바이세시카 학파의 문맥에서는 '補助因'이라 한다. Woo 2000b 참조.

16 라뜨나끼르띠는 'jananavyavahārapātra'를 본문에서 여러 가지 다른 용어로 부연한다. 예를 들어, 원문 3,10 : jananavyavahārabhājana, 3,13과 3,15 : jananavyavahārayogya, 3,18 : kāryakaraṇavyavahāra-gocaratva, 4,14 : jananavyavahāragocaratva, 4,5와 6,2～3 : samarthavyavahāragocaratva, 5,3～4 : samartha-vyavahārayogya 등이다. 이들 용어는 의미상 아무런 차이가 없다.

것은 무엇이나 그때에 그 [A]를 반드시 생산해야 한다. 마지막 [찰나에 있는] 因들의 집합(sāmagrī)이 그 자신들의 果를 [생산하]듯이.[17]

[主題所屬性] : 그런데 이 항아리는, 현재의 찰나에 속한 과를 생산하는 때와 어떠한 작용을 하지 않는 때에, 과거나 미래의 찰나에 속한 과를 생산한다고 말하기에 적합하다.

이렇게 [이 논증식은] 본성(svabhāva)을 논리근거로 갖는 귀류법이다.

3,18 그리고 [이 귀류법의 논리근거는] 먼저 不成因일 수 없다. 단지 다른 [학파들의 입장]이 [타당하다는] 가정하에, 귀류법의 논리근거(sādhana) 즉 두 번째 찰나 등에 속한 과를 '생산한다고 말해지는 대상인 것'이 현재의 찰나에 속한 과를 생산하는 때와 어떠한 작용을 하지 않는 때에 有法(dharmin)인 항아리에 성립되기 때문이다.[18]

---

17 즈냐나스리미뜨라와 라뜨나끼르띠가 이 귀류법의 주연관계에서 제시하는 논리근거(hetu)는 서로 다르다. 즈냐나스리는 '생산할 수 있는 것(jananasamarthatva)'을 논리근거로 제시한다(KBhA 17,10～11 : yad yadā yajjananasamarthaṃ tat tadā taj janayaty eva). 반면에 라뜨나끼르띠는 '생산한다고 말하기에 적합한 것(jananavyavahārayogyatva)'을 논리근거로 제시한다. '적합한 것(yogiyatā)'의 의미에 대해서는 Vattanky 1995 참조. 라뜨나끼르띠는 스승인 즈냐나스리의 논증식에서 발생하는 문제를 이미 알고 있었던 것으로 보인다. 찰나멸의 입장에서 능력(sāmarthya)은 실행(karaṇa)이다. 즉 할 수 있는 것과 실제로 하는 것에 아무런 차이가 없다. 따라서 즈냐나스리의 논증식에 따르면, 어떤 것 X는 그것의 과를 생산하기 때문에 그것의 과를 생산한다는 것이 되고 만다. 이렇게 논증되는 것(sādhya)과 논증하는 것(sādhana)이 동일한 진술은 타당한 논증식이 아니다(Matilal 1977 : 99 참조). 즈냐나스리를 비판할 때 니야야 논사인 우다야나(Udayana)도 이 문제를 지적한다(ATV 34,3～4 : na sāmarthyaṃ hi karaṇatvaṃ vā yogyatā vā. nādyaḥ sādhyāviśiṣṭatvaprasaṅgāt). 라뜨나끼르띠와 관련된 부분은 우다야나가 ATV 58,18ff.에서 다룬다. 그곳에서 그는 '생산할 수 있다고 말해지는 대상인 것(samarthavyavahāragocaratva)'을 논리근거로 든다(ATV 58,18 : etena samarthavyavahāragocaratvaṃ hetur iti nirastam).

18 항아리는 지속한다는 것이 니야야-바이세시카 학파 등의 입장이다. 이 경우 항아리는 그것이 존재하는 동안 자기 동일성을 가지고 있기 때문에 모든 찰나에서 본성이 같다. 따라서 두 번째 찰나에 과를 생산하는 항아리의 본성은 첫 번째 찰나나 다른 찰나에도 마찬가지로 있지 않으면 안 된다. 하지만 이러한 입장은 항아리의 찰나멸을 주장하는 불교도의 것과 상반된다.

4,2 또한 [이 논리근거는] 相違[因]도 아니다. 왜냐하면 이것이 同品인 마지막 [찰나]의 因들의 집합(sāmagrī)에 있는 것은 가능하기 때문이다.[19]

4,4 [반론] : 이 [논리근거]는 '[同品과 異品에] 공통으로 있는 不定因(sādhāraṇānaikāntikahetu)'이다. 왜냐하면 논리근거인 '[생산할] 수 있다고 말해지는 대상인 것(samarthavyavahāragocaratva)'이 심지어 직접 [과를] 생산하지 않는, 곳간 등에 저장되어 있는 종자와 같은 이품에서도 관찰되기 때문이다.[20]

4,7 [답론] : 아니다. [생산할] 수 있다는 말에는 일차적인 의미(pāramārthika)와 이차적인 의미(aupacārika) 두 종류가 있다. 그중에서 위의 [귀류법]에서는 '생산'에 의해 야기된, 일차적인 의미의 '생산할 수 있다고 말해지는 대상인 것'이 논리근거로서 채택되었다. 또한 곳간 등에 있는 종자 등은 [싹 등의] 간접적인 원인이어서 이차적인 의미의 생산한다고 말해지는 대상이기 때문에 [일차적인 의미로는] 가능하지 않다. 따라서 어떻게 [이 논리근거가] '[동품과 이품에] 공통으로 있는 부정인'이 될 수 있겠는가?

4,12 그리고 이 [논리근거]는 '[이품에 그것의] 不在가 의심스러운 것'이 아니다. 왜냐하면 '[논증되는 것과] 모순인 것에서 [논리근거를] 부정하는 인식수단(viparyaye bādhakapramāṇa)'이 있기 때문이다.[21]

구체적으로 모든 사람들은 [자신의] 경험을 통해서 이 '생산한다고 말해지는 대상인 것(jananavyavahāragocaratva)'이 '한정된 대상인 것(niyataviṣayatva)'에

---

19 마지막 찰나의 因들의 집합은 다음 찰나에 과를 반드시 생산하므로 동품이다. 귀류법의 논리근거인 '생산한다고 말해지는 대상인 것(jananavyavahāragocaratva)'은 이 동품에 있는 것이 확인되기 때문에 동품에는 없고 이품에만 있는 것으로 정의되는 相違因이 아니다.

20 여기서 문제가 되는 것은 능력(sāmarthya)의 의미이다. 라뜨나끼르띠는 이 반론을 원문 15,16～16,7에서 자세히 소개하고 있다. 반론자는 니야야 논사인 샹까라(Śaṅkara)이다.

21 '논증되는 것과 모순인 것에서 논리근거를 부정하는 인식수단(sādhyaviparyaye bādhakapramāṇa)'은 찰나멸론을 입증하기 위한 중요한 추론식이다. 이것은 다르마끼르띠가 부정수반 형식의 주연관계(vyatirekavyāpti)를 결정하기 위해 고안한 방법이다. 이 추론식은 논증되는 것과 모순인 것이 있는 곳에 논증하는 것은 없다는 것을 보임으로써 논증하는 것과 논증되는 것 사이의 논리적 필연관계를 확정한다. 라뜨나끼르띠는 이것을 KSV에서 상술한다. 이 추론식은 TS 385～427에도 상술되어 있다. 또한 Kajiyama 1983 : 126～127; Steinkellner 1982; Mimaki 1976 : 59～66; 1984 : 245～251 등을 참조.

의해 주연된다는 사실을 잘 알고 있다. 그리고 이 ['한정된 대상인 것']은 원인이 없는 것이 아니다. 그 이유는 [만약 원인이 없는 것이라면], 장소와 시간과 본성의 한정이 없게 되는 바라지 않은 결과가 생기기 때문이다. 그런데 '생산(janana)' 이외의 다른 원인은 알려지지 않는다. 왜냐하면 ['한정된 대상인 것'이] 이 ['생산']과 긍정수반(anvaya)이나 부정수반(vyatireka)의 관계에 있는 것이 관찰되기 때문이다. 나아가 만약 심지어 '생산' 없이도 '생산한다고 말해지는 대상인 것'이 가능하다고 한다면, 모든 것이 모든 것에 대해 생산한다고 말할 수 있다. 따라서 어떤 한정도 있을 수 없게 되고 말 것이다. 그러나 이 ['생산한다고 말해지는 대상인 것']이 한정된 것은 잘 알려져 있다. 그러므로 '생산'이 아닌 異品에, 주연하는 '한정된 대상인 것'이 없을 때 [주연되는] '생산한다고 말해지는 대상인 것'도 없다. 따라서 [이것은] 오직 [同品인] '생산'에 [그것의 존재가] 확정된다.[22] 주연관계가 이렇게 증명되기 때

22 라뜨나끼르띠는 '생산'이 '생산한다고 말해지는 대상인 것'을 주연하는 것을 확정하기 위해 '논증되는 것과 모순인 것에서 논리근거를 부정하는 인식수단'을 응용한다. 특정 찰나의 因 X가 그것의 직후 찰나의 果 Y를 생산할 때, 오직 X만이 Y를 생산한다고 말하기에 적합하지만, 다른 찰나에 있는 것들은 그것들이 X와 동일한 상속(santāna)인가 아닌가에 상관없이 적합하지 않다. 예를 들면, 온전하게 갖추어진 인들의 집합에 있는 마지막 찰나의 종자만이 맨 처음 찰나의 싹을 생산한다고 말하기에 적합하지만, 동일한 상속의 이전 찰나의 종자들이나 다른 상속에 속하는 종자의 찰나들은 적합하지 않다. 이렇게 '생산한다고 말해지는 대상인 것'은 '한정된 대상인 것'에 의하여 주연된다.

'생산한다고 말해지는 대상인 것' ⊂ '한정된 대상인 것'

나아가 X가 Y를 생산하는 것으로 한정되는 것은 오로지 X가 실제로 Y를 생산할 때에만 성립된다. 예를 들면, 因들의 집합에 있는 마지막 찰나의 종자는 실제로 맨 처음 찰나의 싹을 생산하기 때문에, 그 싹을 생산하는 것으로 한정된다. 하지만 돌이나 나무의 찰나는 맨 처음 찰나의 싹을 생산하지 않기 때문에, 그 싹을 생산하는 것으로 한정되지 않는다. 실질적인 '생산'이 있을 때 '한정된 대상인 것'이 성립되지만 '생산'이 없을 때는 이것은 성립되지 않는다. 따라서 '한정된 대상인 것'은 항상 '생산'에 의해 주연된다.

'한정된 대상인 것' ⊂ '생산'

'한정된 대상인 것'을 매개로 하여, 라뜨나끼르띠는 귀류법에서 '생산한다고 말해지는 대

문에, [귀류법의] 논리근거에 아무런 오류가 없다.

4,23 또한 이 항아리는, 현재의 果를 생산하는 찰나와 어떠한 작용도 하지 않는 찰나에, 과거나 미래의 찰나에 속한 과를 생산하지 않는다. 따라서 모든 귀류법은 귀류환원법으로 전환된다는 공식을 통해 [볼 때 이 경우에] 생산한다고 말하는 것은 적합하지 않다.[23] 또한 이것의 논증식은 다음과 같다 :

5,3 [周延關係] : 특정한 때에 어떤 것(A)을 생산하지 않는 것은 무엇이나 그때에 [A를 생산할] 수 있다고 말하기에 적합하지 않다. 마치 벼 싹을 틔우지 않는, [벼와는 다른 종의 곡물인] 꼬드라와(kodrava)가 벼 싹에 대해 그렇듯이.

[主題所屬性] : 그런데 이 항아리는, 현재의 찰나에 속한 과를 생산하는 때와 어떠한 작용도 하지 않는 때에, 과거나 미래의 찰나에 속한 과를 생산하지 않는다.

이렇게 주연하는 것의 비인식(vyāpakānupalabdhi)은 [과를 생산할] 수 있는 [항아리의] 찰나로부터 [생산할] 수 없는 [항아리의] 찰나를 구분한다.[24]

상인 것'과 실제 '생산'사이의 주연관계를 확정한다.

'생산한다고 말해지는 대상인 것' ⊂ '한정된 대상인 것' ⊂ '생산'

23 귀류법은 論敵이 주장하고자 하는 것에 모순이 있음을 보이는 논리방식인 반면에 귀류환원법은 論主가 증명하고자 하는 것을 직접 제시하는 논리방식이다. 따라서 귀류환원법은 귀류법을 논증의 일반적인 형태로 바꿈으로써 귀류법을 보충한다. 귀류환원법의 논리근거가 타당하면, 귀류법의 논리근거도 타당하다. 또한 PVinṬ D10a5f.; P12a4~6 : bzlog pa'i gtan tshigs grub na skyon med pa 'ba 'zig tu ma zad kyi, 'on kyang thal ba'i gtan tshigs la yang yin no. dper na rtag par smra ba rnams kyis khas blangs pa'i yod pas sgra mi rtag par thal bar grub pa bzin no 참조.

24 귀류환원법은 부정수반(vyatireka)의 형식을 갖는다. 이 추론식의 핵심은 추론의 주제[宗法, pakṣa]에 논리근거를 주연하는 것이 인식되지 않음(vyāpakānupalabdhi)을 제시하는 것이다. 여기서 논리근거는 '생산하지 않음'이고, 이것을 주연하는 것은 '생산할 수 있다고 말하기에 적합하지 않음'이다. 현 찰나에 속한 과를 생산하는 항아리의 찰나나 어떠한

5,8 이 [귀류환원법]에서도 [논리근거는] 不成因이 아니다. 왜냐하면 [항아리가], 현재의 찰나에 속한 과를 생산하는 때와 어떠한 작용도 하지 않는 때에, 과거나 미래의 찰나에 속한 과를 생산하는 것은 불가능하기 때문이다. 또한 相違因도 아니다. 왜냐하면 동품에 있기 때문이다. 그리고 不定因도 아니다. 왜냐하면 '[생산할] 수 있다고 말해지는 대상인 것'과 '생산' 사이를 긍정형식으로 환원하는 '모든 것을 포괄하는 주연관계(sarvopasaṃhāravatī vyāpti)'[25]가 이미 앞에서 언급한 방식에 따라 입증되기 때문이다.[26] 하지만 이 [귀류환원법]과 관련해서 다음과 같이 질문할 수 있다.[27]

5,14 [반론] : 특정한 때에 어떤 것(A)을 생산하지 못하는 것은 무엇이나 그 때에 그것을 [생산할] 수 없다고 할 때, '생산한다(karoti)'는 [말의] 의미는 무엇인가? '因인 것(kāraṇatva)'인가? 그렇지 않으면, '果를 생산하기에 적합한 인들의 총체(kāryotpādānuguṇasahakārisākalya)'인가? 아니면, '과를 벗어나지 않음(kāryāvyabhicāra)'인가? 그것도 아니면, '과와의 관계(kāryasaṃbandha)'인가?[28]

작용도 하지 않는 때에 속한 항아리의 찰나는 과거와 미래의 찰나에 속한 과를 생산한다고 말하기에 적합하지 않다. 따라서 생산할 수 있는 것(śaktitva)과 생산할 수 없는 것(aśaktitva)이라는 서로 모순된 두 속성이 단일한 항아리에 상정될 수 없기 때문에 항아리는 찰나마다 달라진다.

25 '모든 것을 포괄하는 주연관계'는 논증하는 것과 논증되는 것이 모든 것에 적용되는 경우에 성립된다. 예를 들면 존재인 것은 무엇이나 찰나적이라는 주연관계에서 논증하는 '존재성'과 논증되는 '찰나성'은 모든 것의 속성이다. 이 주연관계에 대해서는 Shiga 2011 참조.

26 앞에서 언급한 방식은 앞의 원문 5,2 : sarvaḥ prasaṅgaḥ prasaṅgaviparyayaniṣṭaḥ이다.

27 즈냐나스리의 KBhA에는 다음에 소개될 반론자의 질문에 해당하는 구절이 없다. 이것은 두 가지로 이해될 여지가 있다. 하나는 즈냐나스리 이후 라뜨나끼르띠가 KSA를 저술하기 이전에 다른 누군가가 이 반론을 제기했다는 것이고, 다른 하나는 라뜨나끼르띠가 문맥에 맞추어 반론의 형식을 취했다는 것이다. 여기서 상기해야 할 것은 앞서 註17에서 밝힌 바와 같이 즈냐나스리는 주연관계에서 '생산할 수 있는 것(samartha)'을 논리근거로 제시하지만 라뜨나끼르띠는 '생산할 수 있다고 말하기에 적합한 것(samarthavyavahārayogya)'을 근거로 제시하고 있는 점이다.

28 '과를 생산하기에 적합한 인들의 총체'는 니야야 학파가 주장하는 '생산한다'는 말의 의미이다. 라뜨나끼르띠는 원문 15,16 이하에서 이것을 자세히 밝히고 논박한다. '과를 벗어나지 않음'은 과가 있을 때는 반드시 인이 있어야 하는 것을 뜻한다. 반면에, '과와의 관계'는 인이 있을 때 과가 있는 것을 의미한다. 이 두 의미는 '무관계의 배제(ayogavyavaccheda)'

5,17 [답론] : 이 가운데 '생산한다'는 의미는 오직 '因인 것'이다. 따라서, 다른 입장에서 있게 되는 오류들은 [그 입장을] 받아들이지 않기 때문에 제거된다.

5,19 그리고 이 [귀류환원법의] 입장에서 '인인 것'과 '능력(sāmarthya)'은 동의어이기 때문에 주연하는 것의 비인식(vyāpakānupalambha)이 논증되는 것과 구별되지 않는다고 말하는 것은 타당하지 않다. 왜냐하면 '[생산할] 수 있다고 말해지는 대상인 것이 아닌 것'이 논증되는 것이기 때문이다. 또한 '因인 것'과 '[생산할] 수 있다고 말해지는 대상인 것'은 나무와 싱사빠(śiṃśapā)처럼 배제하는 범위가 [서로] 다르다.[29] 때문에 그러한 사소하고 근거 없는 [반론자의] 말은 결코 타당하지 않다.

6,5 이렇게 귀류법과 귀류환원법의 두 가지 논리근거를 통해 찰나멸은 實例(dṛṣṭānta)인 항아리에서 입증된다. 따라서 어떻게 '존재성으로부터 [추론]'과 다른 추론식이 실례에서 찰나멸을 논증하지 않는다고 말할 수 있겠는가? 그러나 논리근거로서 '존재성'은 쓸모없지 않다. 귀류법과 귀류환원법은 찰나멸을 해당 실례인 [항아리]에서만 논증하기 때문이다.

6,10 [반론] : 바로 이 [귀류법과 귀류환원법]을 통해서 찰나멸은 추론의 주제에서도 논증될 것이다.

[답론] : 그렇다고 하자. 무엇이 문제인가? 특정한 때에 어떤 것(A)을 생산

를 통해 인과관계를 이해하는 것이다. 라뜨나끼르띠는 바짜스빠띠미스라가 NVTṬ 842,29~843,10에서 주장한 이러한 견해를 원문 16,18~18,10에서 비판한다.

29 이미 앞의 註 22에서 자세히 밝힌 대로, '생산'은 '생산한다고 말해지는 대상인 것'을 주연한다. 따라서 본문의 '주연하는 것의 비인식'은 곧 '생산'을 보지 못함 즉 '비생산'이다. 비록 '생산'이 생산능력 즉 '생산할 수 있음'과 의미가 같아서 '생산한다고 말해지는 대상인 것'이 바로 '생산할 수 있다고 말해지는 대상인 것'이라 하더라도, '생산'이 '생산할 수 있다고 말해지는 대상인 것'을 주연하는 사실에는 변함이 없다. 그러므로 '비생산'은 귀류환원법에서 논증되는 것인 '생산할 수 있다고 말해지는 대상이 아닌 것'에 주연된다(A ⊂ B = -B ⊂ -A). 이것을 정리하면 다음과 같다.

'생산한다고 말해지는 대상인 것' ⊂ '생산' = '비생산' ⊂ '생산할 수 있다고 말해지는 대상이 아닌 것'

한다고 말하기에 적합한 것은 무엇이나 그때에 그 [A]를 생산한다는 이러한 [주연관계]를 [모든] 특수 대상에 적용하려고 부지런히 힘쓰는 사람은 바로 이 [두 추론식]을 통해 찰나멸을 입증한다. 하지만 [모든] 특수 대상에 이 방식을 적용하려 애쓰는 것을 두려워하는 사람은, 먼저 특정한 때에 어떤 것(A)을 생산한다고 말하기에 적합한 것은 무엇이나 그때에 그 [A]를 생산한다는 이러한 방식을 통해 하나의 有法(dharmin)에서 '존재성' 자체가 '찰나성'에 주연됨을 확정한 후에, 바로 이 '존재성'을 통해 다른 [유법]에서도 '찰나성'을 파악한다.[30] 따라서 바보가 아닌 이상 어떻게 이 ['존재성으로부터 추론']이 쓸모없다고 말할 수 있겠는가?

6,18 이렇게 특정 果를 생산하는 항아리는 두 번째 찰나 등에 속한 과들과 관련해서 [생산할] 수 있는 본성이거나 [생산할] 수 없는 본성이라는 모순되는 두 속성의 상정(viruddhadharmādhyāsa)[31]을 통해서 [찰나마다] 반드시 달라진다. 그러므로 논리근거인 '존재성'은 相違[因]이 아니다. 찰나멸해서 동품으로 인정되는 항아리에서 인식되기 때문이다.

7,2 이 ['존재성']은 不定[因]도 아니다. 바로 이 경우 '모든 것을 포괄하는 주연관계'가 동품에서 증명되기 때문이다.

7,4 [반론] : 주연관계는 '[논증되는 것과] 모순인 것에서 [논리근거를] 부정하는 인식수단'에 의해 증명된다. 하지만 이것의 적용에 대한 어떠한 설명도 없다. 그렇다면 어떻게 주연관계가 증명되었다고 할 수 있는가?[32]

---

30 귀류법과 귀류환원법은 특정 대상의 찰나멸을 논증하는 인식수단인 반면에, '존재성으로부터 추론'은 모든 대상의 찰나멸을 논증하는 인식수단이다. 따라서 '존재성으로부터 추론'은 모든 개별 대상 각각에 귀류법과 귀류환원법을 적용하는 것과 그 내용이 같다. 또한 Kano 1994 참조.

31 다르마끼르띠는 '모순되는 두 속성의 상정(viruddhadharmādhyāsa)'이 차이(bheda)라고 정의한다. 이 정의는 이후 후기 유가행파 논사와 니야야 논사 사이에 주요 논제가 되었다. 라뜨나끼르띠는 이것을 원문 22,8~25,17에서 상술한다.

32 동일한 반론이 KBhA 60,1~3에 보인다. 타니는 이것을 라뜨나까라샨띠(Ratnākaraśānti)의 반론으로 본다(Tani 1996 : 29). AVS 104,14~16에서 라뜨나까라샨띠는 '찰나성'이 '존재성'을 주연하는 것은 '논증되는 것과 모순인 것에서 논리근거를 부정하는 인식수단'에 의해

[답론] : 이것은 연약한 심성을 소유한 사람에게 나타나는 증상이다. 구체적으로 다음과 같이 언급된다. 만약 항아리가 현재의 찰나에 속한 과를 생산하는 때에 과거와 미래의 찰나에 속한 과도 [생산할] 수 있다면, 그것은 바로 그때에 그것을 생산해야 한다. 반면에 만약 [항아리가] 생산하지 않는다면, [생산할] 수 있고 [생산할] 수 없는 본성에 따라 찰나마다 달라진다. 따라서 이 인과효력(arthakriyāśakti)은 '찰나성'에 의해 반드시 주연된다.

추기 : 주연관계의 논증

7,10 [반론] : 오직 긍정수반(anvaya)만이 그렇다고 하자. 하지만 [논리근거인 '존재성']이 異品에서 완전히 배제되는 것을 어떻게 알 수 있는가?

[답론] : 바로 주연관계의 논증을 통해서이다.

7,12 [반론] : 부정수반(vyatireka)이 의심스러울 때, 어떻게 주연관계의 논증 자체가 있을 수 있는가?

[답론] : 그렇지 않다. 주연관계의 논증에는 두 가지가 있다. 긍정수반의 형식은 논증하는 속성[sādhanadharma, 能立法]이 있는 有法(dharmin)에 논증되는 속성[sādhyadharama, 所立法]도 반드시 있다는 능동의 속성(kartṛdharma)이다. 반면에 부정수반의 형식은 논증되는 속성이 없는 [유법]에 논증하는 속성도 반드시 없다는 수동의 속성(karmadharma)이다. 그런데 이 둘 가운데에서 어느 하나에 대한 앎은 반드시 다른 것에 대한 앎을 도출한다. 그 이유는 그렇지 않을 경우 바로 그 하나에 대한 [앎]조차 성립하지 않기 때문이다.[33]

입증된다고 말한다. 또한 KBhA 63,16 : artāpi tīrthikavacanavikrāntikrāntikṛtaṃ kautukam asti vyatirekarūpāyām eva vyāptau 참조.

33 긍정수반 관계와 부정수반 관계는 둘 중 하나가 정립되면 반드시 다른 것도 정립된다(HB II : 91, n. 21). 본문에서 주연관계는 먼저 주연하는 것(vyāpaka)의 측면에서 설명되고 다음에 주연되는 것(vyāpya)의 측면에서 설명된다(PVSV 2,12~13 and HB 2*,7~8 : vyāptir vyāpakasya tatra bhāva eva, vyāpyasya vā tatraiva bhāvaḥ). 이때 주연하는 것은 문법적으로 능동의 형태를 띠

7,18 따라서 먼저 긍정수반에 대한 의심이 있을지라도, 이것은 후에 '[논증되는 것과] 모순인 것에서 [논리근거를] 부정하는 인식수단'을 통해 '한정을 갖는 부정수반(niyamavadvyatireka)'이 입증될 때 해소된다. 따라서 긍정수반을 입증하기 위해서 별도의 논증수단이 진술되지 않는다. 마찬가지로 먼저 부정수반에 대한 의심이 있을지라도, 이것은 후에 귀류법과 귀류환원법의 두 가지 논리근거를 통해 '한정을 갖는 긍정수반(niyamavadanvaya)'이 입증될 때 반드시 해소된다. 따라서 부정수반을 입증하기 위하여 다른 논증수단이 진술될 필요가 없다. 그러므로 논증되는 것이 없을 때 반드시 논증하는 것이 없다고 하거나 논증하는 것이 있을 때 반드시 논증되는 것이 있다고 하는 [그 둘의] 의미에는 어떠한 차이도 없다.[34]

8,6 이렇게 비록 '[논증되는 것과] 모순인 것에서 [논리근거를] 부정하는 인식수단'이 없다고 하더라도, 긍정수반 형식의 주연관계는 귀류법과 귀류환원법의 두 가지 논리근거를 통해서 입증된다. 때문에 [이 논서의 주요 논증식의] 논리근거인 '존재성'은 不定[因]이 아니다. 그러므로 이 논리근거를 통한 찰나멸의 논증에는 아무런 오류가 없다.

며, 주연되는 것은 수동의 형태를 띤다. 주연관계는 능동의 형태인가 수동의 형태인가에 따라 주연하는 것의 有法에 속하느냐 주연되는 것의 유법에 속하느냐가 결정된다. 긍정수반의 주연관계는 능동의 형태이다(sādhyadharmasya [i.e. vyāpakasya] avaśyam bhāvaḥ). 반면에 부정수반의 주연관계는 수동의 형태이다(sādhanasya [i.e. vyāpyasya] avaśyam abhāvaḥ).

34 여기서 한정(niyama)은 불변화사 'eva'에 의해 이루어진다. '한정을 갖는 긍정수반'은 논리근거가 동품에만 존재하는 것이다(sapakṣa eva hetor sattvam). 이것이 바로 긍정수반의 주연관계(anvayavyāpti)이다. 반면에 '한정을 갖는 부정수반'은 논리근거가 이품에 반드시 없는 것이다(hetor vipakṣa 'sattvam eva). 이것은 부정수반의 주연관계(vyatirekavyāpti)이다. 이 두 종류의 주연관계의 논리 값은 동일하다 : $A \rightarrow B = \neg B \rightarrow \neg A$. 그러므로 이 두 가지 중에서 어느 하나가 논증되면 다른 것은 논증될 필요가 없다.

8,10 [반론] : 이 논리근거는 不成[因]이다. 因(kāraṇa)을 인식하는 知(buddhi)는 果(phala)를 결코 파악하지 못한다. 그 이유는 그 [과]는 [이 지의 찰나에는] 미래에 속하기 때문이다. 또한 과를 인식하는 지는 인을 파악하지 못한다. 그 이유는 그 [인]은 [이 지의 찰나에는] 과거에 속하기 때문이다. 그리고 현재의 것을 파악하는 지는 과거의 것과 미래의 것을 파악하지 못한다. 過適用(atiprasaṅga)이기 때문이다.[35]

8,14 나아가 전후 찰나를 연결하는 [어떠한] 하나의 동일한 주체 [즉 我(ātman)]도 없다. 왜냐하면 이것은 찰나멸[론]의 붕괴라는 바라지 않는 결과가 생기기 때문이다.[36] 그리고 因이 없을 때 果도 없다는 인식은, 비록 원한다 할지라도, [識의] 자기인식을 주장하는 사람들(svasaṃvedanavādin)에게는 불가능하다.

---

35 여기서부터 라뜨나끼르띠는 이 논서의 주요 논증식의 논리근거인 '존재성'이 그릇된 논리근거(hetvābhāsa)가 아님을 다른 방법을 통해 입증한다. 먼저 그는 '존재성'이 不成因(asiddhahetu)이라는 반론자의 주장을 소개한다. 즈냐나스리미뜨라는 KBhA에서 이 주장을 니야야 논사인 샹까라(Śaṅkara)의 반론으로 본다(KBhA 66,22 : tathā ca śaṅkaraḥ). 반면에 원문 11,11ff.에서 라뜨나끼르띠는 이것을 바사르바즈냐(Bhāsarvajña)의 반론으로 본다. 이 주장은 바사르바즈냐의 NBhū 510,23ff. 특히 513,16~517,31에 잘 드러나 있다. 바사르바즈냐는 만약 존재하는 모든 것이 찰나멸이라면 지각은 인과관계를 파악할 수 없다고 말한다. 후기 유가행파의 입장에서 因과 果는 존재하는 시간을 달리 한다. 따라서 인이 있는 순간에 과는 아직 발생되지 않으므로 인이 존재하는 찰나에서 과에 대한 인식은 불가능하다. 반대로 과가 있는 순간에 인은 이미 소멸하고 없으므로 과가 존재하는 찰나에서 인에 대한 인식도 불가능하다. 또한 인에 대한 인식과 과에 대한 인식이 현재의 찰나에 공존하는 것도 불가능하다. 인과 과는 서로 다른 찰나에 속하기 때문이다. 인식대상의 관점에서 찰나인 것들 사이의 인과관계는 결정될 수 없다.

36 바사르바즈냐는 인식주체의 관점에서도 찰나멸론에서 인과관계는 결정될 수 없다고 주장한다. 만약 모든 것이 찰나라면 인식주체도 찰나이다. 따라서 인을 인식하는 주체와 과를 인식하는 주체는 서로 다른 것이기 때문에, 인과 과를 연관시켜 그 관계를 결정할 수 없다.

추기 : 분별(vikalpa)

9,1 만약 [찰나멸론자들이] 전후 찰나에 두 知가 있고 이것들로부터 習氣(vāsanā)가 있으며 이 [습기]에 의해 因과 果를 결정하는 分別이 있다고 한다면, 이것은 타당하지 않다. 그 이유는 이 분별은 '이미 파악된 것들을 연관시키는 것(gṛhītānusandhāyaka)'이거나 '그것이 아닌 것(~A)의 相을 [그것 A에] 가탁하는 것(atadrūpasamāropaka)'이기 때문이다.[37]

[이 둘 가운데] 첫 번째 입장은 [옳지] 않다. 하나의 동일한 연결주체가 없을 때, 전후의 知는 연관되지 못하므로 분별을 위한 습기 자체가 있을 수 없기 때문이다. 또한 두 번째 [입장도 옳지] 않다. 심지어 신기루도 물로 인식하는 것이 타당하다는 바라지 않는 결과가 생기기 때문이다. 이렇게 긍정수반(anvaya)과 부정수반(vyatireka)이 결정되지 않기 때문에 인과효력(arthakriyā)으로 정의되는 '존재성'은 不成[因]이다.

9,9 나아가 이 논리근거인 ['존재성']은 다른 방법을 통해서도 不成[因]이다. 구체적으로 종자 등의 능력(sāmarthya)은 종자 등에 대한 知, 혹은 그것의 果인 싹 등에 의거해서 확정되어야 한다.[38] 하지만 [어떤 것 k_1은 그것이] '존재인 것(vastutva)'[39]이 입증될 때 [다른 것의] '과인 것(kāryatva)'이 입증된다. 그

37 이 반론에 대해서는 SSD 126,29ff.와 KBhA 79,24ff.를 참조. 라뜨나끼르띠는 이것을 샹까라의 주장으로 본다. 미마끼는 그의 SSD의 교정본에서 '이미 파악된 것들을 연관시키는 것'의 梵文인 'gṛhītānusandhāyaka' 대신에 'agṛhītānusandhāyaka'를 제시한다. 하지만 이것은 문맥에 맞지 않다. 반론자의 의도는, 분별(vikalpa)이 이미 인식된 인과 과의 관계를 결정하는 것이라 하더라도, 찰나멸론의 입장에서는 그 둘을 연관시키는 것 자체가 불가능하다는 것이다. 또한 PVV 64,28~29 : krameṇa dvayor gṛhītayos tadbalabhāvinā smaraṇena grahaṇam iti cet. nanu kenānvayavyatirekagrahaṇam 참조.

38 찰나멸론에서 果는 ① 共同因(sahakārin)이 主要因에 생성하는 특수한 속성(atiśaya)을 통해 생기는 것과 ② 필요한 因들의 상호접근을 통해 생기는 것으로 구분된다. HB 17*,1~4; KBhS 230,11~16; KBhA 44,6~8; HB II 127~128, 136~138 참조. 여기서 싹은 첫 번째 종류의 과이고 종자의 인식은 두 번째 종류의 과이다.

39 vastutva(원문 9,11) = sattā(10,3) = sattva(10,6~7). 바이세시카 학파에서 sattā는 전문용어이다. 여섯 가지 범주(padārtha)의 하나인 보편(sāmānya)의 최고 상위 개념으로서의 존재를 의미

런데 [그 k_1은] 다른 과(k_2)로부터 '존재인 것'이 [입증된다]. 또한 다른 과(k_2)는 [그것이] '존재인 것'이 입증될 때 [다른 것의] '과인 것'이 입증된다. 그런데 [그 k_2]는 [그것과는] 다른 과(k_3)로부터 '존재인 것'이 입증된다. 이렇게 무한소급(anavasthā)이 있게 된다.[40]

9,14 만약에 [찰나멸론자들이] 무한소급에 대한 두려움 때문에 [k_{n-1}이 '존재인 것'은] 마지막에 다른 과(k_n)에 의존하지 않는다[고 주장한다면], 바로 그 때문에 이전의 [과들 k_1~k_{n-1}]이 존재하지 않게 되는 바라지 않는 결과가 생긴다. 때문에 어떤 것도 인과효력을 갖는 것이 입증되지 않는다.[41]

한다. 반면에 sattva는 전문용어가 아니다. 이 말은 존재(existence), 실재(reality), 있는 것(being) 등을 뜻하는 데 광범위하게 사용된다. 하지만 여기 반론에서는 sattā와 sattva는 서로 구분되지 않고 vastutva와 함께 일반적 의미의 존재를 뜻한다.

40 이 반론을 현대 인도철학계에 처음 소개한 학자는 다스굽따이다(Dasgupta 1969 : 159~160). 그는 이것을 10세기에 활동했던 니야야 논사인 자얀따(Jayanta)의 주장으로 본다. 반론자는 여기서 '존재성'을 인과효력인 것으로 정의하는 찰나멸론의 입장을 비판함으로써 본 논서의 주요 논증식이 오류임을 밝히고자 한다. 어떤 것 A가 果라고 말할 수 있는 근거는 그것이 존재하기 때문이다. A가 존재하지 않으면 A를 인이나 과라고 표현할 수 없다. 그렇다면 A가 존재하는 것은 어떻게 알 수 있는가? 찰나멸론의 입장에서 존재는 인과효력이다. A가 존재한다는 것은 A가 과를 생산한다는 것을 의미한다. 따라서 A가 생산하는 과가 A의 존재를 입증한다. 이러한 반론자의 논지는 아래와 같이 분석된다.

입증하는 것(sādhana) → 입증되는 것(sādhya)
k_1이 존재인 것 → k_1이 과인 것
다른 과 k_2 → k_1이 존재인 것
k_2가 존재인 것 → k_2가 과인 것
다른 과 k_3 → k_2가 존재인 것
…… → ……
k_{n-2}가 존재인 것 → k_{n-2}가 과인 것
다른 과 k_{n-1} → k_{n-2}가 존재인 것
k_{n-1}이 존재인 것 → k_{n-1}이 과인 것
다른 과 k_n → k_{n-1}이 존재인 것

41 만약 k_{n-1}이 果 k_n을 생산하지 않는다면, 그것은 인과효력이 없기 때문에 존재한다고 할 수 없다. 그리고 존재하지도 않는 k_{n-1}이 k_{n-2}의 과가 되는 것도 불가능하다. 나아가 만약 k_{n-2}가 과 k_{n-1}을 생산하지 않는다면, 그것 역시 동일한 논리로 존재한다고 할 수 없다. 이렇게 앞의 주 40의 논리를 역으로 분석하더라도 인과효력에 바탕을 둔 '존재성'의 정의에 오류가 있다고 반론자는 주장한다.

입증하지 않는 것(asādhana) ↛ 입증되지 않는 것(asādhyna)

9,17 만약 [찰나멸론자들이] '과인 것'과 '존재인 것'은 배제의 영역이 서로 다르기 때문에 [어떤 것 k_1은] '존재인 것'이 입증되지 않더라도 '果인 것'이 입증되는 데 아무런 문제가 없다[고 주장한다면], 이것은 옳지 않다. 비록 '과인 것'과 '존재인 것'의 배제의 영역이 서로 다르다 하더라도, '존재인 것'이 입증되지 않을 때 어떻게 '과인 것'이 입증될 수 있겠는가? 그 이유는 '과인 것'은 '없다가 있게 되는 것(abhūtvābhāvitva)'[42]이며, '있게 되는 것(bhavana)'은 '존재인 것(sattā)'이고, '존재인 것'은 불교도에게는 바로 '효력(sāmarthya)'이기 때문이다.[43] 그리고 이러한 이유 때문에 [어떤 것 k_1의] 효력이 의심스러울 때, [k_1이] 있게 된다는 것 자체가 언급될 수 없다. 어떻게 '없다가 있게 되는 것'이 '과인 것'을 입증할 수 있겠는가?[44]

10,6 비록 [찰나멸론자들이] '과인 것'은 '다른 것 [즉 因]의 작용에 의존하는 것(apekṣitaparavyāpāratva)'[45]이라고 하더라도, [이것이] 존재가 아닌 것의 속성

다른 과 $k_n \nrightarrow k_{n-1}$이 존재인 것
k_{n-1}이 존재인 것 $\nrightarrow k_{n-1}$이 과인 것
다른 과 $k_{n-1} \nrightarrow k_{n-2}$가 존재인 것
k_{n-2}가 존재인 것 $\nrightarrow k_{n-2}$가 과인 것
$\cdots\cdots \nrightarrow \cdots\cdots$
다른 과 $k_3 \nrightarrow k_2$가 존재인 것
k_2가 존재인 것 $\nrightarrow k_2$가 과인 것
다른 과 $k_2 \nrightarrow k_1$이 존재인 것
k_1이 존재인 것 $\nrightarrow k_1$이 과인 것

42 '없다가 있게 되는 것(abhūtvābhāvitva)'은 니야야-바이쉐시카 학파가 정의하는 '과인 것(kāryatva)'의 네 가지 유형 가운데 하나이다. Nozawa 1993 참조. 설일체유부도 이 개념으로 '과인 것'을 설명한다(AK 77,20 : pratikṣaṇam abhūtvābhāva utpādaḥ, bhūtābhāvo vyayaḥ). '없다가 있게 되는 것'은 '있게 되는 것(bhavana)'을 의미한다.

43 kāryatva = abhūtvābhāvitva(=bhavana)
abhūtvābhāvitva (=bhavana) = sattā
sattā = sāmarthya
∴ kāryatva = sāmarthya

44 ~sāmarthya → ~bhavana(=abhūtvābhāvitva) → ~kāryatva

45 果가 因의 작용에 의존하는 것이라는 찰나멸론의 입장에 대해서는 NB 3.12; PVSV 98,3; KBhA 2,23~25 참조.

(dharma)은 아니다. 그리고 [그들의 정의에 의하면] '존재인 것'은 인과효력이다. 그런데 이것이 의심스럽다. 따라서 어떻게 '과인 것'이 성립될 수 있겠는가? 이 ['과인 것']이 성립되지 않는다면, 이전의 것 [즉 因]의 인과효력도 성립되지 않는다. 그러므로 ['존재성'은] '[그 자체가] 의심스러운 不成因(sandigdhāsiddhahetu)'이다.[46]

10,10 마찬가지로 이 ['존재성']은 또한 相違[因]이다. 구체적으로 만약 [존재인 것은 무엇이나] 찰나적이라면, 아직 생겨나지 않은 것이나 흔적 없이 소멸된 것이 [특정한] 果를 생산하는 것은 있을 수 없다. 또한 이미 발생된 것이 충분한 시간을 가지고 특정한 과를 [생산하는] 작용을 할 수도 없다. 따라서 바로 찰나멸의 입장에서는 인과효력(arthakriyā)이 성립될 수 없기 때문에 ['존재성'은] 상위[인]이다.

또는 分別에 의해 생긴 것은 무엇이나 실재가 아니다. 때문에 실재의 본성인 '찰나성'이 입증될 때, 실재가 아닌 것을 알려주는 추론의 분별은 ['존재성'과] 모순된다.[47]

10,16 또한 '찰나성'이 논증될 때 모든 논리근거가 相違이다. 왜냐하면 [논리근거가] 다른 시간과 공간에 隨順하지 않는다면, [어떤 것과도] 논증하고 논증되는 관계를 맺을 수 없기 때문이다. 반면에 만약 [논리근거가] 수순한다면, 이것은 여러 시간 동안 동일하고 찰나멸이 아니어서 '찰나성'과 모순된다.[48]

---

46 '존재인 것'이 의심스러움(sattvasandigdha) → '과인 것'이 성립되지 않음(kāryatvāsiddha) → 인의 인과효력이 성립되지 않음(kāraṇasāmarthyāsiddha)

47 유사한 반론에 대해서는 다르못따라의 LPP (8),6~8 참조.

48 반론자는 여기서 논리근거 자체의 일반적인 특징을 살핌으로써 '존재성'이 찰나멸 논증의 근거라는 불교도의 견해를 비판한다. 특정한 시간과 공간에 있는 논리근거는 다른 시간과 공간에 지속하거나 지속하지 않거나 둘 중 하나이다. 만약 지속한다면, 이것은 찰나멸과 모순된다. 왜냐하면 동일한 것이 다른 공간, 다른 시간에 존재한다는 것은 그것이 더 이상 찰나가 아님을 의미하기 때문이다. 반대로 지속하지 않는다면, 논리근거는 찰나에 소멸하기 때문에 다른 어떠한 것과도 논증하고 논증되는 관계를 가질 수 없다. 이러한 논리근거는 추론에서 아무런 역할도 할 수 없다. '존재성'도 이러한 딜레마를 피할 수 없다. 따라서 이것은 '찰나성'과 모순된다고 반론자는 주장한다.

11,1 이 ['존재성']은 또한 不定[因]이다. 왜냐하면 '존재성'과 지속성(sthairya)은 모순이 아니기 때문이다.[49]

11,2 [답론] : 이 [반론]에 대해서 우리는 답한다.[50] 우선 [반론자가] 인과효력이 인식되지 않는다고 주장할 때, 이것은 바로 모든 경우에 인식되지 않는가? 아니면 찰나멸의 경우에 인식되지 않는가?

11,4 만약 첫 번째 경우라면, 생산하거나 인식하게 하는 因의 수레바퀴가 완전히 파괴되기 때문에 심지어 단순히 입을 여는 것조차 불가능하게 되고 말 것이다. 그렇지 않다면, [반론자가] 인과효력이 없다고 설명했던 말 자체가 아무런 장애 없이 그것을 설명하는 데 효력을 가지게 될 것이다.[51] 따라서 최고의 인간이 되는 것에 목표를 두고 존재의 實相(vastutattva)을 탐구하고자 하는 사람의 실질적인 행위(pravṛtti)는 반드시 인과효력을 인정하는 것을 전제로 한다. 그러나 그것을 인정하지 않는다면, 아무도 특정 [대상]에 대해 어떠한 행위도 할 수 없을 것이다. 때문에 세상에는 아무런 일도 일어나지 않게 되고 말 것이다.

11,10 만약 두 번째 경우라면, 우선 그 경우에 인과효력의 인식(pratīti)은 있다. 또한 이 [인식]이 찰나멸[론]에서 가능하지 않다고 한다면, ['존재성']은 相違[因]이라고 말하는 것이 옳다. 하지만 『니야야부샤나』의 저자가 이것을 不成[因]이라고 [말하는 것은] 매우 어리석다.[52]

---

49 반론자인 바샤르바즈냐는 지속하는 것도 果를 생산할 수 있다고 주장한다. 이 경우 후기 유가행파가 인과효력으로 정의하는 '존재성'은 異品(vipakṣa)인 '찰나가 아닌 것'에서 배제되지 않기 때문에 부정인이다.

50 이 구절을 시작으로 라뜨나끼르띠는 원문 8,10에서부터 제기된 반론에 대해 답한다. 그는 먼저 8,10~13에 있는 반론의 첫 부분에 대해 논박한다.

51 첫 번째 입장은 인과효력이 어떠한 경우에도 없다는 것이다. 이 입장대로라면 심지어 '모든 경우에 인과효력이 인식되지 않는다'는 반론자의 말도 효력이 없어지고 만다. 그럼에도 불구하고 반론자가 인과효력이 있다고 한다면, '모든 경우에 인과효력이 인식되지 않는다'는 말도 효력을 가지게 되어 '존재성'은 인과효력이 아니라는 그의 논박 자체의 효력이 인식되지 않는다. 따라서 찰나멸론을 비판하는 것이 불가능해지고 만다.

52 여기서 누가 원문 8,10~9,8에 소개된 반론을 제기한 것인지가 확인된다. 동일한 반론이 바사르바즈냐의 NBūṣ 517,24~31에 있다. 바사르바즈냐가 주장하는 것처럼 '존재성'이 同

11,13 나아가 비록 [존재인 것은 무엇이나] 찰나적이라고 하더라도, 인과효력을 인식하는 데 아무런 문제가 없다.[53] 즉 이것 [因(x)]이 있을 때 저것 [果(y)]가 있다는 긍정수반(anavya)은 인(x)을 파악하는 知(c_1)의 主要果(upādeya)이자 그 [지 c_1]이 부여한 [x의] 印象(saṃskāra)을 가지고 있는, 과(y)를 파악하는 지(c_2)에 의해 확정된다.[54] 마찬가지로 인(x)이 없을 때 과(y)가 없다는 부정수반(vyatireka)은 인(x)과 관련해서 [x가 없는] 바닥만을 파악하는 지(c_1)의 주요과이자 그 [c_1]이 부여한 [x없는 바닥만의] 인상을 가지고 있는, 과(y)와 관련해서 [y가 없는] 바닥만을 파악하는 지(c_2)에 의해 확정된다.[55] 尊師들께서는 다음과 같이 말씀하신다.

> [인] x를 결정하는 知 바로 다음에 발생하는, [과] y를 [결정하는] 지는 [x와 y의] 긍정수반을 [결정하는] 지를 일으킨다. 마찬가지로 이 [인] x의 不在를 [결정하는] 지 직후에 발생하는, [과] y의 부재를 [결정하는] 지는 [x와 y의] 부정수반을 [결정하는] 지를 일으킨다.[56]

品인 '찰나인 것'에는 없고 異品인 '찰나가 아닌 것'에만 있다고 한다면, 이 논리근거는 상위인이지 불성인이 아니다.

53 같은 답론이 SSD 125,14~20에 있다.

54 긍정수반(anvaya, 合)의 확정은 다음과 같이 분석된다.
① 찰나 t_1에서 知 c_1은 因 x를 파악한다.
② 지 c_1은 찰나 t_2에 있는 지 c_2에 인 x의 印象(saṃskāra)을 남긴다.
③ 찰나 t_2에서 인 x의 인상을 가지고 있는 지 c_2가 果 y를 파악한다.
④ 지 c_2는 찰나 t_3에서 있는 c_3에 '인 x가 있을 때, 과 y는 있다(kāraṇasya bhāve kāryasya bhāvaḥ)'는 인과 과의 긍정수반을 확정한다.

55 부정수반(vyatireka, 離)의 확정은 다음과 같이 이루어진다.
① 찰나 t_1에서 지 c_1은 인 x가 없는 바닥을 파악한다.
② 지 c_1은 찰나 t_2에 있는 지 c_2에 인 x가 없는 바닥만의 인상을 남긴다.
③ 찰나 t_2에서 x가 없는 바닥만의 인상을 가지고 있는 c_2가 과 y가 없는 바닥을 파악한다.
④ 지 c_2는 찰나 t_3에서 있는 지 c_3에 '인 x가 없을 때, 과 y는 없다(kāraṇasyābhāve kāryasyābhāvaḥ)'는 인과 과의 부정수반을 확정한다.

56 이 게송은 바산따띨라까(vasantatilakā) 운율을 가지고 있다. 라뜨나끼르띠는 SSD 125,22~24에서 동일한 게송을 인용하고 있다. 존사들이 언급된 것으로 보아, 이 게송은 즈냐나스리미뜨라의 논서로부터 인용된 것이 분명하다. 하지만 현존하는 그의 논서에서는 확인되지

12,2 그렇다면 '이미 파악된 것들을 연관시키는 것(gṛhītānusandhāyaka)' 바로 그것이 분별(vikalpa)이다. 주요인(upādāna)과 주요과(upādeya)의 관계에 있는 두 연속하는 知에 의해 파악된 것들을 연관시키기 때문이다.[57] 쁘라즈냐까라굽타는 다음과 같이 말한다.

> 만약 어떤 知가 [그것] 이전 혹은 이후 [찰나의] 지에 수반되지 않는다면, 비록 두 지가 있다 하더라도, 어떻게 [그것들의] 순차가 알려질 수 있겠는가?[58]

12,7 ['존재성'은] 두 번째 종류의 不成[因]도 아니다. 불교도에게 '존재성'이 인과효력이라는 것은 [이미] 확정된 입장이기 때문이다.[59] 하지만 우리

않는다. 찰나멸의 입장에서 어떻게 인과관계가 결정되는지는 다음과 같이 요약된다.
긍정수반 : ① 찰나 t_1에서 因에 대한 知, ② 찰나 t_2에서 果에 대한 지, ③ 찰나 t_3에서 인과 과의 긍정수반에 대한 지.
부정수반 : ① 찰나 t_1에서 인의 不在에 대한 지, ② 찰나 t_2에서 과의 부재에 대한 지, ③ 찰나 t_3에서 인과 과의 부정수반에 대한 지.
긍정수반과 부정수반에 대해서는 Cardona 1967～1968과 1981; Mookerjee 1975 : 67～68; Mimaki 1976 : 164～167과 305 n. 398; Franco 2002를 참조.

57 앞서 원문 9,1～6에서 반론자는 분별의 두 가지 정의 즉 '이미 파악된 것들을 연관시키는 것(gṛhītānusandhāyaka)'과 '그것이 아닌 것(～A)의 相을 그것(A)에 가탁하는 것(atadrūpa-samāropaka)'을 제시하고, 이 둘 모두 찰나멸론의 입장에서는 인과관계를 확정할 수 없다고 주장했다. 반론의 요지는 인과 과를 연결하는 인식주체가 없을 때 어떠한 관계도 결정될 수 없다는 것이었다. 본문은 이 반론에 대한 라뜨나끼르띠의 답론이다. 찰나멸론의 입장에서 분별은 '이미 파악된 것들을 연관시키는 것'이다. 인을 파악하는 知와 과를 파악하는 지가 연속할 때 분별작용은 이미 파악된 이들 인과 과의 긍정수반을 확정하고, 인의 비존재를 파악하는 지와 과의 비존재를 파악하는 지가 연속할 때 분별작용은 인과 과의 부정수반을 확정한다.

58 이 게송의 운율은 아누스뚜브(anuṣṭubh)이다. 동일한 게송이 SSD 127,8～9에 있다(yad āha mahābhāṣyālaṅkāraḥ). 라뜨나끼르띠는 둘 모두 쁘라즈냐까라굽타의 『알랑까라(*Alaṅkāra*)』에서 인용한 것이라고 밝히고 있지만 현존하는 이 논서의 판본에서는 확인되지 않는다. SSD에 있는 이 게송의 프랑스어 번역에서 미마끼는 prākparāvedana를 prākpara-avedana로 분석하고 'avedana'를 'ne perçeive'로 번역한다(Mimaki 1976 : 174～175). 하지만 이것은 오류이다. 문맥상 prākparāvedana는 prākpara-āvedana로 분석되어야만 한다.

59 여기서부터 라뜨나끼르띠는 인과효력이 '존재성'의 정의가 아니라는 원문 9,9～10,9의 반론을 논박한다.

는 바로 지금 이 [입장]을 증명하고자 하는 것이 아니다. 바른 인식(pramāṇa)을 통해 파악된 종자처럼 실재하는 有法(dharmin)에 바른 인식을 통해 파악된 인과효력이 있는 경우, 이 [유법]이 찰나멸인 것을 입증하고자 한다.[60] 따라서 싹과 같은 果가 관찰되지 않아서 [종자 등의] 인과효력에 대해 강하게 의심이 일더라도,[61] 명료한 지각(paṭupratyakṣa)에 의해 인식되는 [싹 등의] 존재만큼은 반드시 인정되어야만 한다. 그렇지 않다면, 모든 경우에 실재조차도 알려지지 않을 것이다. 그러므로 비록 '존재성'의 전문적인 정의가 의심스럽더라도, 명료한 지각을 통해 실재하는 것으로 확인되는 싹 등이 종자 등의 果라는 사실이 알려질 때, [이 종자 등의] 인과효력은 확인된다. 따라서 ['존재성'이] 不成[因]이라는 오류의 여지는 없다.

12,17 또한 [존재인 것은 무엇이나] 찰나적이라 하더라도, ['존재성'이] 相違[因]이라는 근거가 될 만한, 인과효력에 대한 문제는 결코 없다.[62] 그 이유는 '찰나인 것(kṣaṇikatva)'과 '반드시 [果] 이전에 있는 것(niyataprāgbhāvitva)'[63]으로 특징되는 '因인 것(kāraṇatva)'사이에 어떠한 모순도 없기 때문이며, 인과효력은 오직 한 찰나만 머무는 것에도 가능하기 때문이다. 따라서 첫 번째 종류의 相違(virodha)는 없다.

---

60 종자로부터 싹의 발생은 실재하는 사물의 인과효력을 보여주는 대표적인 예이다. PV III.4 : aśaktaṃ sarvam iti ced bījāder aṅkurādiṣu, dṛṣṭā śaktir matā sā cet saṃvṛtyā 'stu yathā tathā와 TS 506 : bījāṅkurādīnāṃ kāryakāraṇatekṣyate niyatā .

61 인식된 知가 그릇된 것이라고 의심할 만한 다수의 근거가 있다. ① 因이 지각된 후에 바로 果가 인식되지 않는다. ② 유사한 것에 대한 인식이 있다. ③ 인식이 모호하다. TS 2965cd～2966cd : tāvad ādye 'pramāśaṅkā jāyate bhrāntihetutaḥ, anantaraṃ phalādṛṣṭiḥ, sādṛśyopalambhanam, mater apaṭutetyādi bhrāntikāraṇam atra ca 참조.

62 여기서부터 라뜨나끼르띠는 원문 10,10～18의 반론에 답한다. 반론은 찰나멸인 것은 어떠한 경우에도 과를 생산할 수 없기 때문에 인과효력으로 정의되는 '존재성'이 相違因이라는 것이다.

63 인과관계는 두 개의 사실 혹은 사물이 단순히 연속할 때에 이루어지는 것이 아니다(Mookerjee 1975 : 65). 인은 반드시 과에 선행해야만 한다(PVV 114,31 : kāryāt prāgbhāvaḥ sarvahetūnām iti sthitam). PV III.246 : astaḥ prāg asāmarthyāt paścād vānupayogataḥ. prāgbhāvaḥ sarvahetūnāṃ nāto 'rthaḥ svadhiyā saha 참조.

13,1 두 번째 종류의 상위도 없다. 실재하거나 실재하지 않거나 간에 [추론] 자신의 行相이 [그 추론의] 직접대상(grāhya)이라 하더라도, 모든 경우 타당성(prāmāṇya)은 바로 [그것의] 간접대상(adhyavaseya)인 실재에 의거해서 설명된다. 때문에 바로 실재의 본성인 '찰나성'은 [추론에 의해] 증명된다. 따라서 어디에 상위가 있을 수 있겠는가?[64]

13,4 [반론] : [추론에 의해] 직접 인식되는 것과 간접 결정되는 것은 둘 다 타자의 배제(anyanivṛtti)이지 실재가 아니다. 自相(svalakṣaṇa)이 파악될 때 언어(abhilāpa)와 결합하는 것은 불가능하기 때문이다.[65]

추기 : 想定(adhyavasāya)과 간접대상(adhyavaseya)

13,6 [답론] : 그렇지 않다. [반론자는] 상정 그 자체를 제대로 이해하지 못하고 있기 때문이다. 실재가 직접 인식되지 않을지라도, 分別[知]가 상정하는 것은 [인식자에게] 마음의 작용과 같은 실질적인 행위(pravṛtti)를 할 수 있게 한다.[66] 간접대상인 [실재는 분별지에] 현현하지 않더라도 실질적인 행

64 여기서부터 라뜨나끼르띠는 추론을 통해 찰나멸을 증명할 수 없기 때문에 '존재성'은 상위인이라는 원문 10,13~15의 반론을 논박한다. 그는 대상을 직접대상(grāhya)과 간접대상(adhyavaseya)으로 구분한다. 이러한 구분은 다르마끼르띠의 PVin II장과 HB에 이미 나타나 있다(Katsura 1986a : 176). 다르못따라는 직접대상과 간접대상을 自相(svalakṣaṇa)과 共相(sāmānyalakṣaṇa)에 연관시켜 체계화한다(NBṬ 71,1~72,3; LPP(8),8~9). 여기서 논의되는 분별지의 대상은 두 종류이다. 직접대상은 공상이며 간접대상은 자상이다(VC 166,14~16). 찰나인 것은 추론의 간접대상이다. 따라서 추론을 통해 존재의 찰나멸의 논증이 가능하다.

65 바짜스빠띠미스라는 추론은 분별지이므로 그것의 직접대상과 간접대상 둘 다 실재일 수 없다고 주장한다. 추론의 직접대상은 공상이다. 따라서 이것은 실재가 아니다. 추론의 간접대상은 자상이어서 실재이지만 상정(adhyavasāya)을 통해서 파악된다. 따라서 이것은 타자의 배제(anyāpoha, anyavyāvṛtti)이어서 실재가 아니다.

66 상정(adhyavasāya)은 대상을 결정해서 인식자가 그것에 대해 실질적인 행위를 할 수 있게 하는 분별작용이다. 라뜨나끼르띠는 이 개념을 CAPV에서 상세히 설명한다. Katsura 1986b : 17; Patil 2003; Okada 2005 참조.

위의 대상이 된다. 하지만 이 간접대상인 것은 오직 自相에만 적용되는 것이지 다른 것 [=共相]에는 아니다. 소기의 목적을 가지고 있는 사람의 실질적인 행위는 [자상의] 인과효력을 통해 이루어지기 때문이다.[67]

13,10 이렇게 想定의 경우에 자상은 결코 [분별지에] 현현하지 않는다. 그러나 비록 그것이 현현하지 않는다 하더라도, 실질적인 행위가 모든 경우에 차이없이 이루어진다는 바라지 않는 결과는 없다. 그 이유는 [분별지는] 특정한 因들의 집합(sāmagrī)으로부터 생겨나 그 자신의 行相(ākāra)을 가지고 있어서 고유한 능력이 있으므로 특정한 자상이 직접 인식되지 않는다 하더라도, [인식자에게] 실질적인 행위를 하게 할 수 있는 것이 관찰되기 때문이다. 예를 들면 [분별지를 통해 인식된] 모든 것이 실재하지 않는다 하더라도, 싹 자체는 종자로부터 발생한다. [그것들 사이에] 확정된 인과관계가 관찰될 때 [이것을] 부정할 수는 없기 때문이다. 하지만 [분별지는] 외계의 대상과 연관(pratibandha)이 있을 때는 타당성을 갖지만 그렇지 않을 때에는 타당성을 갖지 않는다. 이러한 차이가 있다.[68]

13,17 마찬가지로 세 번째 견해에도 문제가 있다.[69] 그 이유는 비록 어떤 실재가 여러 시간에 [지속하는] 것이 실제로 가능하지 않더라도, 모든 시간과 장소에 속하며 그 자신의 相이 아닌 다른 [모든] 것들로부터 배제된 논증하는 것(sādhana)과 논증되는 것(sādhya) 사이의 주연관계가 지각(pratyakṣa)을 통해 파악되기 때문이다.

67 불교인식론에서 지각의 대상뿐만 아니라 추론의 대상도 궁극적으로는 자상이다(PVBh 213,3～4 : dvābhyām api pratyakṣānumānābhyām svalakṣaṇam eva viṣayīkṛtavyam). 또한 Tosaki 1979 : 124 참조. 자상만이 인과효력을 갖는다. 분별지는 상정의 작용을 통해 자상에 간접적으로 연결된다. KBhA 226,22 : adhyavasitam ity apratibhāse 'pi pravṛttiviṣayīkṛtam 참조.

68 추론의 분별은 실재와 간접적으로 연관되어 있지만, 예를 들어 '토끼의 뿔'같은 분별은 망상일 뿐이고 실재와 어떠한 연관도 없다.

69 세 번째 견해는 원문 10,16～18의 어떠한 因도 '찰나성'과 주연관계를 가질 수 없다는 것이다.

추기 : 주연관계의 결정

13,20 지각의 대상은 직접대상(grāhya)과 간접대상(adhyavaseya)의 두 종류이다. 그 자신의 相이 아닌 다른 [모든] 것들로부터 배제된 '실재-일반(vastumātra)'[70]은 지각에 직접 현현하지 않기 때문에 직접대상이 아니다. 하지만 그것은 확실히 간접대상이다. 왜냐하면 어떤 장소에서 특정한 것이 파악될 때 두 '실재-일반(tanmātra)' 사이의 주연관계를 확정하는 分別知가 생기기 때문이다. 이것은 마치 찰나의 인식을 통해 상속의 확정이 있고, 色만의 인식을 통해 色, 味, 香, 觸으로 이루어진 항아리의 확정이 있는 것과 같다. 그렇지 않다면, 추론 전체가 붕괴된다는 바라지 않는 결과가 생긴다.[71]

14,6 구체적으로 말해서 주연관계가 ① 두 보편(sāmānya) 사이, ② 두 특수(viśeṣa) 사이, ③ 보편에 의해 한정된 두 특수 사이, ④ 특수에 의해 한정된 두 보편 사이에서 파악된다는 [네 가지] 논리적 가능성이 있다.[72]

14,8 첫 번째 논리적 가능성은 [타당하지] 않다. 그 이유는 보편은 [실재인

---

70 '실재-일반(vastumātra)'은 특정 실재라고 지칭되는 것 전부를 의미하는 용어이다. 이것은 실재에 대한 개념적 토대이다. 대표적인 유형으로는 ① 존재성(sattva), 찰나성(kṣaṇikatva)과 같은 別位(avasthāviśeṣa), ② 同種(sajātīya)인 다른 것들로부터 배제된 개체(vyakti)의 相續(santāna), ③ 항아리와 같이 부분(avayava)으로 구성된 전체(avayavin)인 집합(samūha)이 있다. 디그나가는 *Upādāyaprajñaptiprakaraṇa*에서 이 세 유형을 다루고 있다. Yoshimizu 1997 : 121~122 참조. 별위, 상속, 집합은 共相의 대표적인 예이기도 하다. 다르마끼르띠도 PVSV에서 이 세 가지를 다루고 있다(Vetter 1964 : 110~112).

71 여기서 라뜨나끼르띠는 지각을 통해 어떻게 주연관계가 파악되는가를 설명한다. 먼저 지각의 대상은 직접대상과 간접대상으로 구분된다. 직접대상은 自相이고 간접대상은 共相이다. '실재-일반(vastumātra, tanmātra)'으로 표현되는 공상은 다시 수직공상(ūrdhvatā-sāmānya)과 수평공상(tiryaksāmānya)으로 세분된다. 수직공상은 同種(sajātīya)인 다른 것들로부터 배제된 항아리와 같은 개체(vyakti)이다. 반면에 수평공상은 異種(vijātīya)으로부터 배제된 동종에 속한 모든 개체들을 포괄한다. 지각은 수평공상을 간접대상으로 취함으로써 논증하는 것과 논증되는 것 사이의 주연관계를 파악할 수 있다.

72 여기서 보편은 예를 들어 種(jāti)으로서의 소나무이고, 특수는 특정 개체(vyakti)로서의 소나무이다. 주연관계를 어떻게 파악할 것인가에 대한 논의는 NBhū 216~221을 참조. 또한 Lasic 2000a와 2000b를 참조. 본문은 KBhA에 해당되는 구절이 없으며 주연관계를 집중적으로 다루는 VN이나 VC에도 해당되는 구절이 없다.

것이] 부정될 수 있기 때문이다. 비록 [이것이] 부정될 수 없다 하더라도, 지각될 수 없기 때문이다. 비록 이것이 지각될 수 있다 하더라도, 사람들의 목적에 부합하지 않아서 추론의 대상(anumeya)이 될 수 없기 때문이다. 나아가 [비록 보편이 추론의 대상이 될 수 있다 하더라도], 추론된 보편으로부터 특수의 추론은 없다. 이후에 논리를 제시하겠지만, [특정] 보편과 [그것을 구성하는] 모든 특수 사이의 불가분의 관계를 확립할 수 없기 때문이다.[73]

14,12 두 번째 [논리적 가능성]도 [타당하지] 않다. 특수는 [다른 어떤 것도] 수반하지 않기 때문이다.[74] 반면에 마지막 두 논리적 가능성의 경우에는 [특수와 관련해서 세 가지 견해가 있을 수 있다].[75] ① [특정] 보편의 토대로 분명히 관찰되는 특수가 그 보편의 한정자(viśeṣaṇa)나 피한정자(viśeṣya)이어야 한다. 또는 ② 다른 장소와 시간에 존재하면서 [특정 보편의 토대로] 전혀 관찰되지 않는 [특수가 그 보편의 한정자나 피한정자이어야 한다]. 혹은 ③ 다른 장소와 시간에 존재하면서 [특정 보편의 토대로] 관찰되거나 관찰되지 않는, 그 자신의 相이 아닌 다른 [모든] 것들로부터 배제된 모든 특수가 [그 보편의 한정자나 피한정자이어야 한다].[76]

---

73 본문의 '이후에 논리를 제시하겠지만'은 원문 14,13~19를 지시한다. 첫 번째 논리적 가능성은 지각이 두 보편 사이의 주연관계를 파악한다는 것이다. 보편은 그 자체로 실재하는 것이 아니라 분별(vikalpa) 즉 개념일 뿐이다. 따라서 이것은 지각의 직접대상이 아니어서 인식자의 실질적인 목적을 충족시키지 못한다. 반론자는 보편으로부터 추론된 특수가 인식자의 목적을 충족시킨다고 주장할 수 있다. 하지만 분별지에서 특수는 同種에 속하[illegible] 다른 것들과 구별되지 않는다. 때문에 그것의 추론 자체가 불가능하다. 후기 유가행파[illegible] 제기하는 보편의 문제에 대해서는 Dreyfus 1997 : 127~202 참고.

74 두 번[illegible] 논리적 가능성은 지각이 두 특수 사이의 주연관계를 파악한다는 것이다. 특수는 오직 특[illegible] 시간과 장소에 존재한다. 이것은 다른 시간과 장소에 있는 것과 구별된다. 따라서 지[illegible]은 특수와 특수 사이에서 주연관계를 포함한 어떠한 관계도 파악할 수 없다.

75 세 번째 논리[illegible] 가능성은 지각이 보편에 의해 한정된 두 특수 사이의 주연관계를 파악한다는 것이고, [illegible] 번째 논리적 가능성은 지각이 특수에 의해 한정된 두 보편 사이의 주연관계를 파악한[illegible]는 것이다. 여기서부터 라뜨나끼르띠는 특수가 보편의 한정자 혹은 피한정자라는 [illegible]자의 주장을 논박한다.

76 [illegible]야야-바이[illegible]시카 학파는 감관과 대상의 관계를 여섯 가지로 분류한다. NV 94-5와 NV 95, [illegible]ṣaḥ punaḥ ṣoḍhā bhidyate. saṃyogaḥ, saṃyuktasamavāyaḥ, saṃyuktasamavetasamavāyaḥ,

14,17 첫 번째 견해는 [타당하지] 않다. [특수는 다른 것을] 수반하지 않기 때문이다. 두 번째도 아니다. [특수가 특정 보편의 토대로] 관찰되지 않기 때문이다. 그리고 세 번째도 아니다. 그 이유는 비록 논의의 대상이 되는 어떤 하나의 특수가 [특정 보편의 토대로] 관찰된다 하더라도, 다른 장소와 시간에 있는 것들은 관찰되지 않기 때문이다.

15,1 그런데 [특정 보편의 토대로 관찰되거나 관찰되지 않는] 바로 이러한 모든 특수들이 ① 유사하기 때문에 ② 유사한 [因들의] 집합으로부터 발생되기 때문에 ③ 유사한 果를 생산하기 때문에 라고 하는 '類似性(pratyāsatti)'[77] 으로 인해, 하나의 특수를 파악하는 지각은 그 자신의 相이 아닌 다른 [모든] 것들로부터 배제된 것만을 확정한다. [그] 때에 [이것은] 그 자신의 상이 아닌 다른 [모든] 것들로부터 배제된 특수 전부를 결정할 수 있다. 예를 들어 특정 因들의 집합과 결합된 [항아리의] 色(rūpa)만을 파악하는 지각은 항아리를 확정할 수 있어서 이것을 파악하는 것(grāhaka)으로 결정된다.[78] 그렇지 않으면, 항아리도 항아리의 相續도 온전하게 파악될 수 없어서 지각에 의해 결정될 수 없다.

---

samavāyaḥ, samavetasamavāyaḥ, viśeṣaṇaviśeṣyabhāvaś ca. 이 중에서 '한정자와 피한정자의 관계(viśeṣaṇaviśeṣyabhāva)'는 특수와 보편 사이에서와 같이 불가분의 관계인 내속(samavāya)을 인식하기 위한 것이다. 내속관계에 있는 두 요소는 내포하는 것(ādhāra)과 내포되는 것(ādheya)의 관계에 있다. 특수와 보편 사이에서는 특수가 내포하는 것이고 보편이 내포되는 것이다. Halbfass 1992 : 163, n. 53; Stcherbatsky 1962 : 267～273 참조.

77 용어 'pratyāsatti'는 일반적으로 관계(sambandha)를 의미한다(NKoṣ 546,7을 참조). 하지만 이것이 특수와 보편 사이의 관계를 설명할 때에는 어떤 것(bhāva)의 특수한 능력을 의미한다. PVSVṬ 319,30～320,10 : api ca yathā dhavakhadirādhayaḥ parasparabhinnās tathā gavādayaḥ, tatra tulye bhede kasmād vṛkṣatvaṃ dhavādiṣv eva vartate na gavādiṣv iti pṛṣṭena pareṇaitad eva vaktavyaṃ bhāvaśaktir eva sā dhavādīnāṃ yena ta eva vṛkṣatvaṃ prati pratyāsannā na gavādaya iti. tadā tulye bhedye yayā pratyāsattyā bhāvaśaktilakṣaṇayā jātiḥ kvacit svāśrayābhimate 'rtharāśau. 라뜨나끼르띠가 여기서 열거하는 유사성(pratyāsatti)의 세 가지 특징에 대해서는 PVSVṬ 129,11～12를 참조.

78 항아리의 色만을 파악하여 이것을 확정하는 것은 하나의 특수의 인식을 통해 특수 전체를 확정하는 것을 보여주는 대표적인 예이다. 라뜨나끼르띠는 이미 원문 13,20～14,5에서 이 예를 든 적이 있다. PVSV 7,14～15 : ekasāmagryadhīnasya rūpāde rasato gatiḥ, hetudharmānumānena dhūmendhanavikāravat. 또한 VN 109,18～19와 KBhA 166,20～21 참조.

15,8 그리고 특정 장소에서의 이 [특수]의 파악은 그것의 상이 아닌 다른 [모든] 것들로부터 배제된 것의 경우에도 차이가 없다. 만약 그렇다면, 정확히 동일한 방법으로 한정자와 피한정자 사이의 관계와 같이 주연관계도 모든 특수와 관련해서 이해되어야 할 것이다.[79] 그렇다면 왜 [특수가] 여러 찰나에 걸쳐서 동일하며 찰나적이 아니라고 인정되어야만 하는가? 그렇지 않다면 이것은 찰나멸을 논증하는 것과 모순되고 말 것이다.[80] 따라서 ['존재성'은] 相違[因]의 한 종류가 될 어떠한 여지도 없다.

15,13 이 ['존재성']은 부정인도 아니다.[81] 앞서[82] 언급했던 방법에 의해 긍정형식의 주연관계가 귀류법(prasaṅga)과 귀류환원법(prasaṅgaviparyaya)의 논리근거를 통해 同品에서 논증되기 때문이다.

15,16 [반론] :[83] 만약 찰나멸이 귀류법과 귀류환원법의 두 가지 논리근거를 통해 實例(dṛṣṭānta)인 항아리에서 논증될 수 있다면, '존재성'은 '찰나성'에 의해 반드시 주연되는 것이 증명되기 때문에 부정[인]이 아니라는 것이 타당하다. 하지만 이 [논증] 자체가 불가능하다. 구체적으로 비록 항아리가 [果를 생산]할 수 있다 하더라도 이것은 지속하는 補助因(sahakārin)에 의존하여 점차로 과를 생산할 것이다.[84]

---

79 특정 種(jāti)에 속한 모든 특수는 유사하기 때문에 하나의 특수를 파악할 때 다른 특수들도 파악할 수 있다. 주연관계는 모든 특수가 공유하는 유사성에 의거해서 한 종의 모든 특수와 또 다른 종의 모든 특수 사이에서 이루어진다.

80 라뜨나끼르띠는 원문 13,17부터 10,16~18의 반론을 논박해 오고 있다. 이미 보아 왔듯이 특수가 찰나적이라 하더라도 주연관계는 결정될 수 있다. 따라서 이것은 반론자가 주장하는 것처럼 지속하는 것일 필요가 없다.

81 여기서부터 라뜨나끼르띠는 원문 11,1 이하에서 '존재성'이 지속성(sthairya)과 모순되지 않기 때문에 부정인이라는 반론을 논박한다.

82 "앞서"는 원문 2,11~5,13을 지시한다.

83 라뜨나끼르띠는 KSV 85,21~24에서 샹까라(Śaṅkara)를 반론자로 본다. 또한 KBhA 18,21~25 참조. 반면에 즈냐나스리미뜨라는 KBhA 19,1~10에서 이 구절과 유사한 반론을 소개하면서 바사르바즈냐(Bhāsarvajña)를 반론자로 본다. 이 반론은 NBhuṣ 520,15~19와 520,30~521,6에서 확인된다.

84 반론자와 라뜨나끼르띠는 효력(sāmarthya)의 의미를 다르게 이해한다. 라뜨나끼르띠가 효력을 '실질적인 생산'이라 이해하는 반면에 반론자는 '생산할 수 있는 잠재력'으로 이

추기 : 효력(sāmarthya)과 무효력(asāmarthya)

16,1 더욱이 효력을 갖는 것은 스스로의 본성에 의해 [과를] 생산하며 스스로의 본성은 항상 있기 때문에, [그것이] 도와주지도 않는 보조인에 의존한다는 것은 타당하지 않다고 말해서는 안 된다. 비록 [어떤 것이] 스스로의 본성에 의해 [과를] 생산한다 하더라도, 효력 없이 어떻게 [이것을] 생산할 수 있겠는가? 그 이유는 효력은 보조인이 온전히 갖추어진 것(sahakārisākalya)이고 무효력은 갖추어지지 않은 것(vaikalya)이기 때문이다. 그리고 그 [효력 혹은 무효력]이 나타나거나 사라지는 것으로 인해 그것을 갖는 것은 어떠한 해도 입지 않는다. 왜냐하면 그것을 갖는 것은 그것과는 다르기 때문이다. 그러므로 비록 어떤 것이 [잠재적으로 果를 생산]할 수 있다 하더라도, 그것이 [과를 반드시] 생산하는 것은 아니다.[85] 따라서 귀류법의 논리근거는 '[이품에 그것의] 부재가 의심스러운 것(sandigdhavyatireka)'이다.

16,8 [답론] : 이것에 대해서 우리는 말한다. 먼저 효력이 다름 아닌 '보조인이 온전히 갖추어진 것'이라 하자. 그럼에도 불구하고 바로 이 [효력을 갖는] 것은 실제로 스스로의 본성에 의한 [과의] 생산자이다.

[반론] : 하지만 이 [효력을 갖는] 것은 [그것이 지속하는] 마지막 찰나에 곧바로 [과를] 생산하는 속성인 바로 그러한 본성을 갖는다.[86]

해한다. 여기서 반론자는 잠재력을 갖는 주요인이 보조인을 만날 때 이것의 도움으로 점차로 이 잠재력을 발현해서 과를 생산한다고 주장한다. KBhA 18,14~19를 참조. 반론자와 불교도가 제시하는 인과론의 차이에 대해서는 Bhartiya 1973; Matilal 1975; Shastri 1976; Mohanty 1980; Katsura 1983; Gupta 1990; Pande 1997; Laine 1998; Woo 2000a; Shaw 2002 참조.

85 찰나멸론의 입장에서는 효력을 갖는 因은 果를 그 자신의 본성에 의해 생산한다(PVSV 86,5~6 : yad ekasya tajjanakaṃ tad anyasya nety anyo 'pi svarūpeṇaiva janako na pararūpeṇātattvāt). 하지만 반론자는 이 점을 반박한다. 반론자의 입장에서는 일정기간 지속하는 인은 그 자체로 과를 생산하는 본성을 갖는 것이 아니다. 인은 필요한 보조인의 도움을 받을 때 비로소 과를 생산하는 본성을 가지게 된다.

86 니야야 학파의 입장에서 인은 有法(dharmin)이고 효력이나 무효력은 法(dharma)이다. 유법은 지속하는 基體(dravya)이지만 법은 그 기체에 속한 속성이다. 따라서 이 둘은 서로 다르다. 반론자는 이러한 니야야 학파의 입장에서 곧바로 과를 생산하는 본성은 유법에 항

[답론] : [효력을 갖는 것이] 맨 처음 찰나와 그때그때에 [果를] 반드시 생산하는 것을 심지어 브라흐만도 막을 수 없다.[87] 나아가 [보조인이] 온전히 갖추어져 있을 때 발생되며 곧바로 작용하는 속성인 바로 이 본성은 그 [본성을 갖는] 것과 전적으로 다르다고는 말할 수 없다. [효력을 갖는] 것이 [과를] 생산하는 주체(kartṛ)가 아니라는 바라지 않는 결과가 생기기 때문이다.[88] 마찬가지로 [효력을 갖는 것에] 다른 속성이 상정되는 한, 이것은 [효력을] 잃게 되고 말 것이다. 그러므로 [반론자가] "[효력을 갖는 것은] 바로 자신의 본성에 의해 [지속하는 마지막 찰나에 과를] 생산한다"[89]고 말하는 그 본성이 [마지막 찰나] 이전에도 있다고 한다면, 어떻게 [이것은] 특정 찰나 [즉 맨 처음 찰나 등에서는 과를] 생산할 수 없겠는가? 혹은 만약 곧바로 [과를] 생산하는 것과 상반되는, [마지막 찰나] 이전의 본성이 이후에도 지속된다고 한다면, 어떻게 [효력을 갖는 것은] 특정 찰나 [즉 마지막 찰나]에서 [과를] 생산할 수 있겠는가?[90]

16,18 [반론] : 만약 이 [효력을 갖는 것]만이 [과의] 유일한 생산자라면, 이 [찰나멸론의 입장]은 타당할 것이다. 하지만 [필요한 인들의] 집합(sāmagrī)이 [과의] 생산자이다. 이러한 이유로 비록 [효력을 갖는 것이 과의 생산에] 보다 더 영향을 미칠지라도, 다른 보조인(sahakārin)이 없을 때는 과를 생산하

상 존재하는 것이 아니라, 과를 생산하는 직전의 찰나에만 존재한다고 주장한다.

87 어떤 것이 시간의 추이와 관계없이 동일한 것으로 지속한다면, 이것이 어떤 찰나에는 특정 본성(x)을 가지다가 다른 찰나에는 그것과 모순되는 본성(~x)을 가지는 것은 불가능하다. 따라서 반론자의 "어떤 것이 지속한다"는 주장과 "이것이 과를 생산하지 않고 지속하다가 마지막 찰나에 과를 생산한다"고 하는 주장은 서로 모순된다.

88 '효력을 갖는 것'과 '효력'을 분리하는 것도 문제의 해결책이 아니다. 예를 들면 종자가 아니라 종자의 본성이 싹을 생산한다고 하면, 종자는 싹과 아무런 인과관계도 없게 되고 만다.

89 앞의 원문 16,9~10.

90 반론자가 어떤 것이 존재하는 동안 동일한 것으로 지속한다고 주장하는 한, 본성은 어떤 경우에도 변하는 것이 아니므로 그것은 항상 과를 생산하는 효력을 갖든지 전혀 효력을 갖지 않든지 둘 중의 하나이다. 따라서 반론자가 인이 이전에는 과를 생산하는 효력을 가지고 있지 않다가 마지막 찰나에 효력을 갖는다고 주장하는 것은 옳지 않다.

지 못한다. 따라서 어떻게 이 경우에 모순됨이 있을 수 있겠는가? 즉 [효력을 갖는] 것이 스스로의 본성에 의해 [과를] 생산한다고 하는 것은 결코 스스로의 본성만으로 [과를] 생산한다고 하는 [의미가] 아니다. 이 [효력을 갖는] 것이 보조인과 함께 할 때 과를 생산하는 것이 관찰되기 때문이다. 그러므로 주연관계처럼 인과관계(kāryakāraṇabhāva)[91]도 한 측면(과의 측면)에서는 '다른 것과의 관계의 배제(anyayogavyavaccheda)'에 의거해 이해되어야 하며, 다른 측면(인의 측면)에서는 '무관계의 배제(ayogavyavaccheda)'에 의거해 이해되어야 한다.[92] 범부와 논사 [모두] 바로 그렇게 이해하기 때문이다.

17,6 [답론] : 이것에 대해서 우리는 답한다. [因들이] 함께 모여 과를 생산할 때, '특정한 것의 생산(ekārthakaraṇa)'으로 정의되는 공동인의 속성(sahakāritva)[93]이 이것들에 있다고 하자. 누가 [이것을] 부정하겠는가? 하지만 오직 함께 모인 [인]들만이 그 과를 생산할 수 있다는 [반론자의 주장을] 어떻게 이해할 수

91 McDermott는 vyāptivat kāryakāraṇabhāvaḥ를 복합어로 보고 "the presence of cause and effect, between which a relation of pervasion subsists"로 번역한다(McDermott 1970 : 33). 하지만 NVTṬ 842,29~843,10에서 보듯이 이것은 복합어가 아니다. 여기서 접미사 'vat'는 '-같이'나 '-처럼'의 의미이다.

92 라뜨나끼르띠는 동일한 반론을 KSV 86,7~10에 소개한다. 이 반론은 바짜스빠띠미스라의 것이다. 유사한 구절이 그의 NVTṬ 842,29~843,10에 있다. 하지만 이 반론의 초기형태는 이미 PV III.533d~534ab : nānaikasmān na cet bhavet. na kiñcid ekam ekasmāt sāmagryāḥ sarvasambhavaḥ에서 확인된다. 과를 생산하는 효력을 갖는 것 단독으로는 과의 생산자가 되기에 충분하지 않다는 것을 설명하기 위해서 반론자는 '다른 것과의 관계의 배제'와 '무관계의 배제'의 개념을 인과관계에 적용한다. 인은 과의 생산 이전에 반드시 존재해야 하고 없어서는 안 된다. 하지만 모든 인이 과를 반드시 생산하는 것은 아니다. 인은 보조인이 있을 때만 과를 생산한다. 이에 근거해 반론자는 인의 측면에서 인과 과의 관계는 '무관계의 배제'라고 주장한다. 반면에 과는 인이 있을 때에만 있고 그렇지 않을 때에는 없다. 어떤 경우에도 인이 없는 과는 없다. 반론자는 과의 측면에서 인과 과의 관계는 '다른 것과의 관계의 배제'라고 주장한다. '다른 것과의 관계의 배제'와 '무관계의 배제'에 대해서는 PV IV.190~192를 참조. 또한 Kajiyama 1973 : 161~176; Hayes and Gillon 1982; Katsura 1986b : 100~105; Franco 2002를 참조.

93 다르마끼르띠는 공동인의 속성을 '특정한 것의 생산'으로 정의한다(HB 11*,23; 15*,4; 15*,18 등). 이 정의는 TS VII.397과 TSP 183,25ff.에서도 볼 수 있다. 라뜨나끼르띠는 원문 29,1 이하에서 이것에 대해 자세히 설명한다.

있겠는가? [지속하는] 것은 전후 [찰나]에 동일한 본성을 가지고 있어서 찰나마다 [과를] 생산하거나 생산하지 않거나로 정해지는 것을 피할 수 없기 때문이다. 그러므로 [효력을 갖는] 특정[인]이 아니라 [필요한 인들의] 집합이 [과의] 생산자라는 것은 [너희] 지속론자들(sthiravādin)도 원하는 것이 아니다.

17,12 [반론] : [과가] 그렇게 [생산되는 것이] 실제로 관찰된다.

[답론] : 관찰된다고 하자. 그러나 이전부터 지속하고 있다가 [뒤에 필요한 다른 인들의] 집합 가운데 놓이게 된 것(X)으로부터 과가 생산되는가 아니면 [X와] 완전히 다르고 특수화된 것에서 발생된 것(Y)으로부터 [생산되는가]에 대해 논쟁의 여지가 있다. 그중에서 만약 전자도 가능하다면, 과는 모든 찰나에서 생산되든지 아니면 어떤 찰나에서도 생산되지 않든지 할 것이다. [반론자는] 이러한 모순을 해소하지 않고 눈을 감은 채, 과가 오직 그 [필요한 인들의 집합]으로부터 생산되는 것이 관찰되기 때문이라고 하는 [여전히] 논증되어야만 할 것을 단지 되풀이하고 있다. [우리는] 그를 불쌍히 여긴다.[94]

18,1 또한 再認識(pratyabhijñā)을 통해 [인의] 동일성(ekatva)은 증명될 수 없다. 자른 뒤에 다시 자라는 털이나 손톱 등[95]에서도 [이것을] 볼 수 있어서 [증명하고자 하는] 이러한 노력이 무의미하기 때문이다. 또한 [동일성이 있는 것과 털 등과 같이 동일성이 없는 것 사이에서] 특징의 차이를 볼 수 없기

94 라뜨나끼르띠는 인이 공동인과 함께 할 때에 과를 생산한다는 사실을 부정하지 않는다(원문 17,6∼11과 17,12∼17). 그는 인이 찰나멸하지 않고 지속한다는 반론자의 입장을 부정한다. 지속하는 것은 존재하는 동안 동일한 본성을 갖는다. 만약 보조인이 주요인의 본성을 변하게 하지 않는다면, 주요인은 찰나마다 과를 생산하든지 아니면 어떤 찰나에도 과를 생산하지 않든지 할 것이다. 반면에 만약 본성을 변하게 한다면, 주요인은 더 이상 지속하는 것이 아니다. 따라서 맨 마지막 찰나에 싹을 생산하는 종자는 싹을 생산하지 않는 그 이전 찰나의 종자들과 다른 것이어야만 한다. 이 점은 반론자가 주장하고 싶은 것에 상충한다.

95 자르면 다시 자라는 머리카락, 손톱 등(lūnapunarjātakeśanakhādi)은 재인식에 의존해서 존재의 지속성을 주장하는 반론자를 논박하기 위한 대표적인 예이다(SSD 116,27∼28 : lūnapunarjātakeśādau vyabhicāropalambhāt). 이 예는 PVBh 144,1∼5와 TBh 36,6∼8에 보이며 조금 다른 형태인 lūnapunarjātakeśakuśakadalīstambādi가 SSD 114,15와 KSV 90,14∼15에 보인다.

때문이다. 그리고 우리는 『지속성비판(Sthirasiddhidūṣaṇa)』에서 이미 [반론자의 재인식을 통한 동일성의 증명을] 상세히 비판했기 때문이다.[96]

18,5 그러므로 직접적으로 인과관계가 고려되어 '다른 것과의 관계의 배제(anyayogavyavaccheda)'가 [因과 果] 둘 모두에 적용된다.[97] 반면에 주연관계의 경우 직 · 간접적으로 인만이 고려되어 '무관계의 배제(ayogavyavaccheda)'가 因인 주연하는 것에 적용되고 '다른 것과의 관계의 배제'가 果인 주연되는 것에 적용된다. 이러한 방법으로 '무관계의 배제'는 그 ['주연되는 것']과 그것이 아닌 것의 본성인 '주연하는 것'에 적용된다. 하지만 '다른 것과의 관계의 배제'는 그 ['주연하는 것']의 본성인 '주연되는 것'에 적용된다. 분별지에 드러난 특성이 고려될 때, 주연관계에는 두 종류의 한정(avadhāraṇa)이 있다.

18,11 [반론] : 만약 전후 찰나에 동일한 본성을 갖는 것이 항상 생산자인 것(janakatva)이나 생산자가 아닌 것(ajanakatva)에 주연되는 것이 관찰된다면, 이 바라지 않는 결과는 타당할 것이다. 하지만 찰나멸론자는 전후 찰나에 동일한 어떤 것도 인정하지 않는다.[98]

---

96 미망사 논사들은 존재하는 모든 것이 찰나적이라고 한다면, 어제의 소나무와 오늘의 소나무가 동일하다는 형식의 재인식이 불가능하기 때문에, 사물의 동일성을 파악하는 것이 불가능하게 된다고 주장한다(Mimaki 1976 : 88~99, 특히 94~99). 이러한 미망사 학파의 주장에 대한 『지속성비판』에서의 라뜨나끼르띠의 논박에 대해서는 SSD 116,27~117,2 : lūnapunarjātakeśādau vyabhicāropalambhāt. nanūktaṃ yā vyabhicāriṇī sā na pratyabhijñetyādi … yadi pratyabhijñe 'pi lakṣaṇabhedo darśitaḥ syāt, darśayituṃ vā śakyo vyabhicārāvyabhicāropayogī, tadā bhavatu pratyabhijñātadābhāsayor vivekaḥ. na tv evam asti. sarvatrātyantasadṛśe vastuni pṛthagjanapratyabhijñāyā ekarasatvāt 참조. 또한 TS 494~495와 Mimaki 1976 : 113~125 참조.

97 원문 16,18부터 반론자는 주연관계와 같이 인과관계도 과의 측면에서는 '다른 것과의 관계의 배제'로, 인의 측면에서는 '무관계의 배제'로 이해되어야 한다고 주장했다. 이에 대해서 라뜨나끼르띠는 17,6부터 반론자의 견해를 비판한다. 직접적으로 인과관계가 고려되는 한, 인과관계는 주연관계와 같이 이해될 수 없다. 과의 실질적인 생산자는 인들의 집합이 아니라 생산하는 효력을 갖는 주요인이다. 주요인은 과를 바로 다음 찰나에 생산한다. 따라서 인과관계는 과의 측면뿐만 아니라 인의 측면에서도 '다른 것과의 관계의 배제'로 이해되어야 한다.

98 반론자는 여기서 원문 17,6~11의 찰나멸론의 입장을 반박한다. 찰나멸의 입장에서는 지속하는 것은 있을 수 없다. 따라서 지속하는 것이 없을 때 이것에 대한 인식은 불가능하다. 그렇다면 이것이 모든 찰나에 과를 생산하는지, 아니면 어떤 찰나에도 과를 생산하

18,15 [답론] : 이것은 시골뜨기의 [반론]이다. 구체적으로 "만약 전후 찰나에 동일한 본성을 갖는 것이 있다면"은 다음을 의미한다. 만약 후 찰나에서 [과를] 생산하는, 어떤 것의 본성 자체가 전 찰나에 있다면, 혹은 전 찰나의 [과를] 생산하지 않는 본성 자체가 후 찰나에 있다면, 생산(janana)이나 비생산(ajanana)이 불가피하게 인식될 것이다. 그리고 만약 이렇게 [모순인 것으로] 확인되는 두 본성이 단일한 것에 상정된다면, 생산이나 비생산이 불가피하게 확정되는 바라지 않는 결과가 생긴다.

추기 : 본유적 효력과 부가적 효력

19,3 [반론] : 효력은 본유적인 것(nija)과 보조인에 뒤따르는 부가적인 것(āgantuka) 두 종류이다. 때문에 果 자체가 보조인에 의존하지만 과를 생산하는 因은 아니다. 따라서 찰나가 아닌 것도 바로 점차적인 여러 보조인에 의해 점차적인 여러 과를 생산하기 때문에, 존재들이 찰나마다 다르다는 것은 증명될 수 없다.[99]

지 않는지를 어떻게 알 수 있겠는가? 반론자는 찰나멸의 입장에서는 지속하는 것에 대한 비판 자체가 성립하지 않는다고 주장한다.

99 반론자는 유실된 논서인 『니야야만자리(*Nyāyamañjarī*)』의 저자인 뜨릴로짜나(Trilocana)이다. 이 논서에 대해서는 Thakur 1955 참조. 찰나멸론의 입장에서 '존재성'은 인과효력이다. 모든 존재는 과를 곧바로 생산하거나 점차로 생산해야 하기 때문에, 인과효력은 '즉각성과 점차성(kramatvākramatva)'에 의해 주연된다. 하지만 지속하는 것은 과를 곧바로도 점차로도 생산할 수 없다. 그 이유는 이미 라뜨나끼르띠가 원문 18,15~19,2에서 설명했듯이, 지속하는 것은 모든 찰나에서 과를 생산하든지 아니면 어떤 찰나에서도 생산하지 않든지 둘 중의 하나이기 때문이다. 따라서 이것은 존재일 수 없다. 이러한 찰나멸론자들의 비판에 대해서 뜨릴로짜나는 어떻게 지속하는 것이 점차로 과를 생산할 수 있는지를 보여주고자 한다. 먼저 그는 인과효력을 본유적인 것과 부가적인 것으로 나눈다. 본유적인 것은 지속하는 것이 본래 소유한 능력이며, 부가적인 것은 보조인에 의해 부여된 능력이다. 이들 두 효력이 결여되었을 때 과는 생산되지 않는다(KBhA 28,20 : tayor abhāve tatkāryānutpatteḥ). 본유적인 효력을 가지고 지속하는 인은 보조인에 의존하여 점차적으로 부가적인 효력을 갖게 된다. 이 두 종류의 효력을 통해 인은 과를 점차로 생산한다

19,8 [답론] : 우리는 답한다. 먼저 본유적인 것과 부가적인 것의 구분에 따라 효력이 두 종류라고 하자. 그럼에도 불구하고 실재의 고유한 自相(svalakṣaṇa)이 인과효력을 갖는 것은 반드시 인정되어야 한다.[100] 그렇다면 [인과효력이 보조인과 함께 있기] 이전에도 있었는가 아니면 오직 그 이후에 있게 되었는가를 구별하여 지적한 [우리의] 논박에 대해 저 [반론자]가 무엇을 말할 수 있겠는가? 따라서 우리는 [그의 반론을] 인정하지 않는다.

19,12 그리고 [반론자가] 덧붙인 "果 자체가 보조인에 의존한다"는 [주장]도 옳지 않다. 즉 만약 과 자체가 자신이 생산될 때 자립적이라면, 그것은 타당할 것이다. 하지만 만약 그렇다면, 보조인이 온전히 갖추어질 때 [인에] 효력이 있다고 가정하는 것은 불필요하다. 그 이유는 과는 자립적이어서 우발적인 것이 되기 때문이다. 또한 그렇다면 존재하는 인들은 어떤 경우에도 [과를] 생산할 수 없게 된다. 하지만 존재하지 않는 과가 자립적이라는 것은 순전히 상상이다.[101]

20,1 [반론] : 효력을 갖는 인이 있다 하더라도 어떤 경우에 [果가] 생산되지 않는다면, 과 자체에 그러한 문제가 있다.

[답론] : 그렇다면 그것은 자립적이기 때문에 그 [인]의 과가 아니다.[102] 쁘라즈냐까라굽따는 다음과 같이 말한다.

(NVTṬ 839,15 : kramavatsahakāriyogāt krameṇa karoti). 이렇게 뜨릴로짜나는 지속하는 것과 인과효력 사이에 아무런 모순이 없다고 주장한다. 니야야 학파의 인과효력에 대한 논의는 원문 28,10~16에서 다루어지고 있다.

100 오직 자상만이 인과효력을 갖는다는 것에 대해서는 원문 16,8~17을 참조. 또한 Funayama 1988과 1989 참조.

101 라뜨나끼르띠는 보조인에 의존하는 것은 因이 아니라 果라고 원문 19,3~7에서 뜨릴로짜나가 주장한 것을 비판한다. 과가 보조인의 도움을 받는다는 것은 그 자신의 발생 이전에 이미 존재하고 있다는 것을 전제한다. 그러나 아직 존재하지도 않는 과가 보조인에 의존한다는 것은 있을 수 없다. 때문에 이 과는 보조인과는 무관한 것이다.

102 반론자와 라뜨나끼르띠는 인을 다르게 이해한다. 반론자는 과를 생산할 수 있는 잠재력을 가지고 있는 것을 인으로 이해하는 반면에 라뜨나끼르띠는 실제로 과를 생산하는 것을 인으로 이해한다.

전적으로 [과를 생산하는] 상태와 동일함에도 불구하고, 만약 인에 과가 없다면, 과는 자립적이다. 따라서 그렇다면 이것은 그 [인]의 과가 아니다.[103]

20,6 [반론] : 이것(=인 X)이 있을 때 저것(=과 Y)이 있기 때문이 아니라, 부정수반(vyatireka)이 주요한 것이므로 X가 없을 때 Y가 반드시 없기 때문에 Y는 X의 과라 불린다.

20,8 [답론] : 아니다. 만약 인 자신이 있으면서 자신의 과를 반드시 생산할 수 있다면, 이것(=인 X)이 없는 것에 저것(=과 Y)이 없는 것은 상응한다고 이해될 것이다. 만약 그렇지 않다면, 인이 있을 때에도 과는 자립적이어서 없는 것처럼, [인]이 없을 때에도 과는 자립적이어서 없을 것이라는 의심을 누가 제거할 수 있겠는가? 쁘라즈냐까라굽따는 다음과 같이 말한다.

이것(=인 X)이 있을 때에도 [저것(=과 Y)이] 없다면, [인이] 없을 때 어떻게 [과가] 없을 수 있겠는가? 저것(=과 Y)의 없음이 이것(=인 X)의 없음에 상응한다는 것은 어떻게 가능한가?[104]

그러므로 [인이] 없을 때 [과가] 반드시 없듯이, [인이] 있을 때 [과는] 반드시 있어야 한다. 더욱이 [인] 자신이 없을 때, [그것은] 그 [과]의 인일 수 없다.[105]

20,17 [반론] : [찰나멸론자들은 찰나가 아닌 것이] 맨 처음 [찰나]에 과를 생산할 때 이후 [찰나]에 과를 생산하는 본성도 갖고 있기 때문에, 맨 처음 [찰나] 바로 그때에 모든 과를 생산해야만 한다고 말한다. 하지만 [이것은] “내 어머니는 석녀다”라고 [말하는] 것 등과 같이 자가당착(svavacanavirodha)

---

103 라뜨나끼르띠는 특정 인과 무관한 과는 그 인의 과가 아니라는 사실을 보여주기 위해서 PVBh III.396을 인용한다. 이 게송은 아누스뚜브(anuṣṭubh) 운율을 가지고 있으며 즈냐나스리미뜨라의 KBhA 29,19~20과 PVBh 56,22에도 인용되고 있다.

104 PVBh I.411. 동일한 게송이 KBhA 30,1~2에도 있다.

105 X와 Y의 긍정수반(anvaya)이 성립되지도 않는다면, X와 Y의 부정수반(vyatireka)도 성립될 수 없다. 따라서 X와 Y의 긍정수반과 부정수반은 반드시 함께 확정된다.

이어서 옳지 않다. 즉 이후 [찰나]에 과를 생산하는 본성을 갖고 있는 것이 어떻게 맨 처음 [찰나]에 [그] 과를 생산할 수 있겠는가? 그것에 이 과를 생산하는 본성은 없다. 잘 알려져 있듯이, 靑(nīla)을 생산하는 본성을 갖는 것은 黃(pīta) 등을 생산하지 않는다.[106]

21,5 [답론] : 이와 관련해서 우리는 답한다. 만약 어떤 것이 지속하는 본성을 갖고 있다면, 그것은 왜 전 찰나에는 아니고 후 찰나에만 이 과를 [생산해야 하는가]? 또한 동일한 因이 [전 찰나에는 과를 생산하는 본성을] 가지고 있지 않았는데, 어떻게 후 [찰나]에 과를 생산하는 본성을 가질 수 있겠는가?[107]

21,8 [반론] : 우리가 무엇을 할 수 있겠는가? 이 [인]은 오직 후 찰나에만 [과]를 생산한다.

[답론] : 좋다. [하지만 인이] 지속한다고 할 때, [반론자의 견해가] 타당하지 않다는 사실은 [인이] 무상한 것임을 나타낸다.

[반론] : 비록 [인이] 지속한다 하더라도, 후 찰나에만 [과를] 생산하는 바로 이것이 그 [인]의 본성이다.

[답론] : 그 경우 바른 인식에 대한 신뢰가 무너진다. "여기에 불이 있다"고 연기로부터 [불을 추론하는] 경우에도 [연기를 일으키는 것이] 바로 이 [불]의 본성인데 지금 여기에 불이 없는데도 불구하고 연기가 있다고 말할 수 있기 때문이다. 따라서 본성은 바른 인식을 통해서 확인될 때 근거가 될 수 있다. 하지만 본성을 빙자하여 바른 인식을 왜곡시켜서는 안 된다.[108]

---

106 반론자는 바사르바즈냐이다(NBhū 523,9~15 참조). 원문 2,11~4,22에서 라뜨나끼르띠는 찰나가 아닌 것은 지속하는 동안 동일한 본성을 가지고 있기 때문에 현재의 찰나에 과거나 미래의 찰나에 속한 과를 반드시 생산해야만 한다고 밝혔다. 여기서 바사르바즈냐는 이에 대한 반박으로 지속하는 것의 과를 생산하는 본성은 찰나마다 다르다고 주장한다.

107 찰나가 아닌 것은 모든 찰나에서 동일한 본성을 가지고 있다. 만약 그것이 후 찰나에 인과효력을 가지고 있다면, 전 찰나에도 인과효력을 가져야만 한다. 그리고 만약 이것이 전 찰나에 인과효력을 가지고 있지 않다면, 후 찰나에도 가지고 있지 않아야 한다. 따라서 찰나가 아닌 것은 모든 찰나에서 과를 생산하든지 아니면 어떠한 찰나에서도 과를 생산하지 않든지 둘 중의 하나일 수밖에 없다.

108 因이 지속한다면, 이것은 모든 찰나에서 동일한 본성을 가지고 있어야 한다. 그럼에도

21,14 그러므로 만약 [반론자가] 인이 후 찰나에 과를 생산한다고 하고서 [이] 과가 맨 처음 찰나에 속하는 것이라고 주장한다면, 이것은 자가당착이 될 것이다. 그리고 인이 지속한다면 과가 오직 후 찰나에만 생산되는 것 자체가 타당하지 않다. 따라서 인이 후 찰나에 과를 생산한다는 것도 사실상 불가능하다.[109] 이것이 귀류법을 통한 논증이다. 즉 '생산한다고 말해지는 대상인 것(jananavyavahāragocaratva)'이 '생산(janana)'에 의해 주연되는 것은 이미 논증되었다. 그런데 후 [찰나]에 과를 '생산한다고 말해지는 대상인 것'은 [반론자] 당신이 승인함으로써 맨 처음 [찰나]에서 과를 '생산'하는 바로 그 때에 有法(dharmin)인 항아리에 성립하게 된다. 때문에 오직 그 [직전 찰나의 因]에만 수반되어 후 [찰나]에 [생산되는 것으로] 인정되는 果가 맨 처음 찰나에 [생산되는 것은] 결코 있을 수 없다. 따라서 [반론자의 견해에] 바라지 않는 결과가 생긴다.[110]

22,4 잘 알려져 있듯이, 비록 靑을 생산하는 것이 黃을 생산하는 것으로 상정된다 하더라도, [이것이] 황을 생산하는 데 관여한다는 것은 결코 자가당

불구하고 반론자는 인이 후 찰나에만 과를 생산하는 본성을 가지고 있다고 주장한다. 이것은 예를 들면 木性이 모든 나무의 본성임에도 불구하고 소나무만이 목성을 본성으로 한다고 주장하는 것과 같다. 그렇다면 참나무나 은행나무는 목성을 본성으로 하지 않기 때문에 그것을 보고 나무라고 확정할 수 없게 되고 만다. 따라서 반론자의 주장대로라면 '본성을 통한 추론(svabhāvānumāna)'은 불가능하다.

109 예를 들어 불에 의한 연기의 발생을 가지고 여기서의 논리를 분석해 보면 다음과 같다.
반론자의 주장 :
$F(t_n) \rightarrow S$ (찰나 t_n에 있는 불 F가 연기 S를 생산한다.)
라뜨나끼르띠의 분석 :
$F(t_1-t_{n-1}) \nrightarrow S$ (찰나 t_1-t_{n-1}에 있는 불 F는 연기 S를 생산하지 않는다.)
$F(t_1-t_{n-1}) = F(t_n)$ (찰나 t_1-t_{n-1}에 있는 불 F는 찰나 t_n에 있는 불 F와 동일하다.)
$\therefore F(t_n) \nrightarrow S$ (찰나 t_n에 있는 불 F는 연기 S를 생산하지 않는다.)

110 여기서 라뜨나끼르띠는 원문 20,17~21,4의 반론을 비판한다. 반론자는 다음의 두 가지 주장을 하고 있다 : ① 인은 지속한다. ② 후 찰나에 과를 생산하는 인의 본성은 전 찰나에는 없다. 하지만 이 두 가지 주장은 서로 상충한다. 만약 첫 번째 주장을 고수한다면 인은 지속하는 동안 같은 본성을 가지고 있을 것이기 때문에 두 번째 주장은 맞지 않다. 반면에 두 번째 주장을 고수하는 한, 전후 찰나의 인은 서로 다르기 때문에 지속한다고 말할 수 없다. 라뜨나끼르띠는 이 점을 이미 원문 2,11~4,22에서 귀류법을 통해 상술한 바 있다.

착이 아니다.[111] 따라서 이와 같이 '[생산]할 수 있음'은 보조인에 의존하지 않는 것이어서 '생산'에 의해 주연된다.

추기 : 모순되는 두 속성의 상정(viruddhadharmādhyāsa)

22,6 그리고 만약 [효력을 갖는 인이 특정 찰나에 과를] 생산하지 않는다면, '[생산]할 수 있는 것(śaktatva)'과 '[생산]할 수 없는 것(aśaktatva)'이라는 '모순되는 두 속성의 상정(viruddhadharmādhyāsa)'으로 인해 [인은] 반드시 차이가 있게 된다.[112]

22,8 [반론] : 귀류법과 귀류환원법을 통해 특정 과에 대해 [인에] '[생산]할 수 있는 것'과 '[생산]할 수 없는 것'으로 특징되는 '모순되는 두 속성의 상정'이 있다고 하자. 그럼에도 불구하고 그것을 통해 차이는 성립되지 않는다.[113]

---

111 이 구절은 원문 22,4~5에서 반론자가 들었던 實例에 대한 비판이다. 靑을 생산하는 본성을 갖는 것이 黃을 생산하지 않는다는 반론자의 주장은 타당하지 않다. 청은 주요인(upādāna)으로서 황을 생산할 수 없는 것이지 공동인(sahakārin)으로서 생산할 수 없는 것은 아니다(KBhA 28,6~7 : upādānatvena hi tatkaraṇaniṣedho na tu sahakārikāraṇatvenāpi). 청을 생산하는 것이 공동인의 하나로서 황을 생산하는 것은 현실에서 관찰된다. 따라서 반론자의 실례는 근거가 없다.

112 라뜨나끼르띠는 '차이(bheda)'를 '모순되는 두 속성의 상정'으로 정의한다. 이 정의는 다르마끼르띠의 PVSV 20,20~21,1 등에서 이미 보이며 이후 불교와 브라만교 논사들 사이의 논쟁에서 쟁점이 되었다. 예를 들면 NBhū 521,26~522,4를 참조. 모순(virodha)의 개념에 대해서는 Staal 1962; Nandita 1988; Bandyopadhyay 1988; Kellner 1997; Kyuma 1999; Woo 2001; Frazier 2011을 참조.

113 원문 2,11~5,13에서 라뜨나끼르띠는 귀류법과 귀류환원법에 의해 항아리가 찰나라는 사실을 논증했다. 논증의 근거는 '모순되는 두 속성의 상정'이 단일한 것에 가능하지 않다는 것이었다. 여기서 반론자는 라뜨나끼르띠의 이 논증을 반박하고자 한다. 그는 지속하는 것이 모순되는 두 속성을 갖는 것에 아무런 문제가 없다고 주장한다.

후기 유가행파와 니야야 학파는 '차이'의 의미를 다르게 이해한다. 후기 유가행파의 입장에서 종자는 찰나적이기 때문에 '차이'의 의미는 특정 찰나의 종자와 다른 찰나의 종자가 다른 것을 구별하는 것이다. 인과효력과 무효력이라는 '모순되는 두 속성의 상정'은 두 찰나의 종자를 서로 다른 것으로 구별하게 한다. 하지만 니야야 학파의 입장에서 종

22,10 구체적으로 종자가 싹 등을 생산할 때, 만약 이것이 싹을 생산하는 동일한 본성으로 토양 등을 생산한다면, 토양 등도 싹의 본성을 갖게 되고 말 것이다. 반면에 [종자가] 다른 본성에 의해 [토양 등을] 생산한다고 하면, 본성은 서로 다른 것(anyonyābhāvāvyabhicāritva)[114]이기 때문에 상호 모순되는 [생산할 수] 있음과 [생산할 수] 없음이 단일한 [종자]에 공존하게 될 것이다. 따라서 단일한 것임에도 불구하고 종자는 나누어지고 말 것이다.[115]

마찬가지로 등잔불 또한 기름을 소모하고 심지를 태우는 일 등을 한다.[116]

똑같이 전 [찰나의] 色 또한 여러 본성에 의해 후 [찰나의] 色, 味, 香 등을 생산한다고 간주된다.[117]

자는 찰나적이 아니기 때문에 '차이'의 의미는 지속하는 동안 단일한 종자가 둘로 나누어지는 것이다. 모순되는 두 속성의 상정은 하나의 종자를 다른 두 실체로 나눈다.

114 'anyonyābhāvāvyabhicāritva'를 직역하면 '상호간의 비존재를 벗어나지 않는 것'이다. 니야야-바이세시카 학파는 비존재(abhāva)를 결합의 비존재(saṃsargābhāva)와 상호간의 비존재(anyonyābhāva)로 구분한다. 전자는 "책상 위에 항아리가 없다"와 같이 부정형식의 인식이다. 이것은 "책상 위에 항아리의 비존재가 있다"로 해석된다. 반면에 후자는 "옷은 항아리와 다르다"와 같이 긍정형식의 인식이다. 이것은 "옷에 항아리의 비존재가 있으며 항아리에 옷의 비존재가 있다"고 설명된다. NKoś 44,11~14 : anyonyābhāvaśabde vyutpattis tv anyonyasmin tādātmyenābhāvo 'bhavanam iti. sa ca bhedaḥ. bhedo hi ghaṭe paṭasya ca sadāstīti nityaḥ. 또한 Matilal 1986 : 3과 50~51 참조.

115 반론자는 종자가 싹의 주요인이자 토양 등의 공동인이라는 후기 유가행파의 입장을 반박한다. 그는 주요인인 것(upādānatā)과 공동인인 것(sahakāritā)의 同異에 대해 문제를 제기한다. 만약 같다면, 인이 같기 때문에 과인 싹과 토양 등은 같은 것이 되고 말 것이다. 만약 다르다면, 단일한 종자에 서로 다른 주요인인 속성과 공동인인 속성이 상정되기 때문에 종자가 두 개의 다른 것으로 나누어지고 말 것이다. 반론자가 생각하기에는 같다고 해도 문제가 있고 다르다고 해도 문제가 있다. 그는 이 논의를 원문 27,8~28,16에서 '단일성과 다수성(ekatvānekatva)'을 통해서 '존재성'이 오직 추론의 주제에만 있기 때문에 부정인이라고 주장할 때 상술한다.

116 만약 등잔불이 연료를 소모하는 것과 같은 본성으로 심지를 태운다면, 연료를 소모하는 것과 심지를 태우는 것의 본성이 같기 때문에 이 둘은 동일하게 되고 말 것이다. 반면에 만약 다른 본성으로 태운다면, 단일한 등잔불에 두 가지 본성이 있게 되어 등잔불이 둘로 나누어지고 말 것이다.

117 후기 유가행파는 전 찰나의 色이 후 찰나의 색의 주요인이고 후 찰나의 味, 香 등의 공동인이라고 말한다(PVSV 8,16~17 : pravṛttaśaktirūpopādānakāraṇasahakāripartyayo hi rasahetū rasaṃ janayati). 만약 주요인인 속성과 공동인인 속성이 같다고 한다면, 인이 같기 때문에 과인 후 찰나의 색과 후 찰나의 미, 향 등은 같은 것이 되고 말 것이다. 만약 다르다고 한다

그런데 이들 본성은 서로 다르기 때문에 모순되는 것이다. 따라서 등잔불 등은 [이것들과] 결합할 경우 나누어져야만 할 것이다. 하지만 [실제로는] 나누어지지 않는다. 따라서 '모순되는 두 속성의 상정'은 나누는 것(bhedaka)이 아니다.[118]

동일한 방법으로 종자는 싹에 대해서는 생산하는 것(kārakatva)이지만 당나귀 등에 대해서는 생산하지 않는 것(akārakatva)이다. 이 경우에 생산하는 것과 생산하지 않는 것은 모순되는 속성이다. 하지만 종자는 이것들과 결합될 때에도 나누어지지 않는다.[119]

따라서 이와 같이 [생산]할 수 있는 것(śaktatva)과 [생산]할 수 없는 것(aśaktatva) 등이 이품인 단일한 종자·등잔불·色에서 관찰되기 때문에 모순되는 두 속성의 상정은 항아리 등을 [둘로] 나누는 것이 아니다.

23,6 [답론] : 이것에 대해 우리는 말한다. 먼저 종자 등은 다수의 果를 생산하기 때문에 속성인 다수의 본성의 구분을 갖는다고 하자. 그럼에도 불구하고 모순되는 두 속성을 상정하는 것은 어느 경우인가? 즉 만약 본성들이 서로 다르다면, [여기에] 적용되는 것은 차이(bheda)지 모순(virodha)이 아니다. 반면에 모순은 단일한 有法에서 [속성] x가 긍정될 때 [속성] y가 부정되고 x가 부정될 때 y가 긍정되는 x와 y 사이에 상호배제가 있는 것이다. 따라서 이 경우에 있음(bhāva)과 없음(abhāva)같이 특정 본성은 그 자신의 없음(svābhāva)과 모순된다고

면, 단일한 전 찰나의 색에 서로 다른 주요인인 속성과 공동인인 속성이 상정되기 때문에 이것은 둘로 나뉘고 말 것이다.

118 NBṬ에서 다르못따라는 '상호 배제가 있는 것을 특징으로 하는 모순(parasparaparihārasthitilakṣaṇavirodha)'을 '상호간의 비존재'의 개념에 근거하여 설명한다(NB 3.75ff.에 대한 NBṬ). 그에 따르면 두 속성은 '상호간의 비존재'로 있는 한 서로 모순된다. 하지만 주114에서 보았듯이 '상호간의 비존재'로 있는 두 속성이 단일한 것에 공존하는 것은 가능하다. 그러므로 이에 대한 반박으로 반론자는 '모순되는 두 속성의 상정'이 하나의 개체를 둘로 나누는 것은 아니라고 주장한다.

119 반론자는 여기서 다른 시각으로 찰나멸의 입장을 반박한다. 생산자인 속성과 생산자가 아닌 속성은 서로 모순이다. 하지만 싹을 생산하는 것과 당나귀를 생산하지 않는 것이 하나의 종자에 공존할 수 있다. 따라서 '모순되는 두 속성의 상정'은 나누는 것이 아니다.

[말하는 것이] 타당하다. 그러나 '항아리인 것(ghaṭatva)'과 '실재인 것(vastutva)' 같이 [그것이] 다른 본성과 [모순된다고 말하는 것은 타당하지] 않다.[120]

23,13 마찬가지로 싹 등을 생산하는 속성은 그것을 생산하지 않는 속성과 모순이지, 다른 것을 생산하지 않는 속성과는 [모순이] 아니다. 더욱이 그 경우에 지각작용은 다수의 속성이 상정된 것을 단일하다고 확정하듯이, [이것은] 그 과(=싹)를 생산하는 [속성]을 갖는 것과 다른 과를 생산하지 않는 [속성]을 갖는 것을 [단일하다고 확정한다].[121] 따라서 두 본성이 서로 다르지만 對立關係(pratiyogitva)[122]가 아니어서 모순이 아니라 하더라도, 혹은 특정 [과]를 생산하는 속성과 다른 [과]를 생산하지 않는 속성이 [적용]대상이 서로 달라서 모순이 아니라 하더라도, 단일한 과에 대해 서로 대립관계에 있어 모순되는 두 속성인 '[생산]할 수 있는 것'과 '[생산]할 수 없는 것'에 무슨 문제가 제기될 수 있겠는가? 하지만 만약 [반론자가] 이 두 [속성]조차 모순

120 원문 22,8~23,5의 반론에 대한 라뜨나끼르띠의 논박은 모순 특히 '상호 배제가 있는 것을 특징으로 하는 모순'의 개념을 명확히 밝히는 것에 중점을 두고 있다. 이 모순은 속성 x가 긍정될 때 속성 y가 반드시 부정되거나 또는 그 역인 x와 y의 관계이다(KBhA 25,21~22 : yadvyavacchedena yadvidhānam, yadvidhānena vā yadvyavacchedas tat tena viruddham). 모순은 단일한 것에 공존할 수 없는 두 속성 사이의 관계이다. 반면에 차이는 단일한 것에 공존할 수 있거나 공존할 수 없는 두 속성 사이의 관계이다. 따라서 차이의 개념이 포괄하는 영역은 모순의 개념이 포괄하는 영역을 주연한다.

121 원문 23,1~3에서 반론자는 서로 다른 대상에 적용될 경우 모순되는 두 속성이 단일한 것에 공존할 수 있다고 주장했다. 그 예는 싹을 생산하는 속성과 당나귀를 생산하지 않는 속성이 단일한 종자에 공존할 수 있다는 것이었다. 하지만 이것은 반론자의 오류이다. '상호 배제가 있는 것을 특징으로 하는 모순'은 단일한 대상에 적용되는 두 속성 사이의 관계이지, 다른 대상에 적용되는 두 속성 사이의 관계가 아니기 때문이다. 싹을 생산하는 속성은 싹을 생산하지 않는 속성과 모순이지, 당나귀를 생산하지 않는 속성과는 모순이 아니다.

122 對立(pratiyogin)은 다르마끼르띠가 HB 24*,17~22에 소개하는 개념이다. 예를 들어 특정 장소에 항아리가 있는 것은 바로 그 장소에 항아리가 없는 것과 대립이다. 이 개념은 모순과 차이의 의미를 구별하는 데 주요한 역할을 한다(KBhA 24,19 : pratiyogī hi virodhakaḥ sarvatra). 대립은 차이의 적용영역에 한정을 주어 차이가 모순이 되게 한다.

차이(bheda) + 대립(pratiyogin) = 모순(virodha)

cf. 여기서 +의 의미는 한정

이 아니라고 한다면 모순개념 자체가 붕괴되고 말 것이다.

24,2 [반론] : 그렇다면 효력과 무효력은 단일한 과에 대해서만 모순이라 하자. 하지만 바로 그 과에 대해 어떤 곳에서는 효력이 있지만 다른 곳에서는 효력이 없어서, 효력과 무효력은 장소의 차이(deśabheda)로 인해 모순이 아니듯이, 단일한 과에 대해 시간의 차이(kālabheda)로 인해서도 모순이 아니다. 예를 들면 동일한 수정이 이전에는 [사물을 비추는] 작용을 하지 않다가 이후에 [비추는] 작용을 한다.[123]

24,7 [답론] : 우리는 답한다. 우리는 단지 말 때문이 아니라 [실제로] 모순이 없기 때문에 효력과 무효력은 단일한 과에 대해 장소의 차이로 인해 모순이 아니라고 말한다. '특정한 곳에서 특정 과를 생산하는 속성(taddeśakāryakāritva)'은 '같은 곳에서 그 과를 생산하지 않는 속성(taddeśakāryākāritva)'과 모순되기 때문이다. 하지만 [이것은] 다른 곳에서 '그 과를 생산하지 않는 속성(tatkāryākāritva)'이나 '다른 과를 생산하는 속성(anyakāryakāritva)'과는 [모순되지] 않는다.[124]

24,11 [반론] : 만약 그렇다면, '특정한 찰나에 특정 과를 생산하는 속성(tatkālakāryakāritva)'은 '같은 찰나에 그 과를 생산하지 않는 속성(tatkālakāryākāritva)'과 모순된다. 하지만 [이것은] 다른 찰나에 '그 과를 생산하지 않는 속성(tatkāryākāritva)'이나 '다른 과를 생산하는 속성(anyakāryakāritva)'과는 [모순되지] 않는다. 따라서 어떻게 시간의 차이에도 불구하고 모순이라고 할 수 있겠는가?[125]

---

123 반론자는 바사르바즈냐이다(NBhū 521,26～522,4). 그는 여전히 '모순되는 두 속성의 상정'이 차이의 정의라는 후기 유가행파의 입장을 반박한다. 대립(pratiyogin)의 개념에 입각하면 특정 장소에서의 인과효력은 바로 그 장소에서의 무효력과 모순된다. 만약 장소를 달리하면 모순인 두 속성은 단일한 것에 공존할 수 있다. 모든 존재가 찰나적이라는 것을 부정하기 위해서 반론자는 장소의 차이를 시간의 차이에 적용하고자 한다. 그는 특정 찰나의 인과효력은 그 찰나의 무효력과 모순되지만, 시간을 달리하면 효력과 무효력이 단일한 것에 공존하는 것은 가능하다고 주장한다.

124 모순관계는 다른 장소에 있는 두 속성에 적용될 수 없다. 예를 들어 밭에 있는 종자의 인과효력은 곳간에 있는 종자의 무효력과 모순되지 않는다.

24,14 [답론] : 우리는 답한다. '상호 배제가 있는 것으로 특징되는 모순(parasparaparihārasthitilakṣaṇo virodha)'은 두 속성이 단일한 有法에 결코 공존하지 않는 것이다. 그런데 이 [모순]은 '있음'과 '없음'처럼 직접적으로 서로 반대되는 것이거나, '상주성'과 '존재성'처럼 하나가 다른 바른 인식에 의해 반드시 부정되는 것이다. 이러한 [둘 사이에는] 의미상 어떠한 차이도 없다.[126] 따라서 그 [시간의 차이가 있는] 경우에 '특정한 찰나에 특정 과를 생산하는 속성'을 갖는 단일한 有法에서 다른 찰나에 '그 과를 생산하지 않는 속성'이나 '다른 과를 생산하는 속성'이 다른 바른 인식에 의해 반드시 부정되기 때문에 모순은 있다.

25,3 즉 심지어 브라흐만 조차도 '특정한 찰나에 특정 과를 생산하는 속성(x)'이 지각되는 유법 바로 그것에 다른 찰나에 '그 과를 생산하지 않는 속성(y)'이나 '다른 과를 생산하는 속성(z)'을 공존하게 할 수 없다. 그렇지 않다면 이 둘 [y와 z]는 [x와] 모순이 아니게 될 것이다. 이미 언급했던 귀류법과 귀류환원법의 논리근거를 통해 다른 찰나에서 유법이 반드시 달라지는 것이 논증되기 때문이다.[127]

25,8 또한 [유법의] 동일성(ekatva)은 재인식(pratyabhijñāna)를 통해서 증명되지 않는다. [증명하고자 하는] 이러한 노력이 헛되기 때문이다.[128] 바로 이러

---

125 이 반론은 원문 24,2∼6의 반론과 실질적으로 내용이 같다.

126 라뜨나끼르띠는 여기서 '상호 배제가 있는 것으로 특징되는 모순'의 의미를 밝힌다. 이것의 두 가지 유형인 '직접 서로 반대되는 것(sākṣātparasparapratyanīka)'과 '바른 인식에 의해 부정되는 것이 특징인 것(pramāṇabādhanalakṣaṇa)'은 이미 다르마끼르띠의 PV IV.279에 나타난다. 또한 PVV 510,18∼21 참조. 여기서 '다른 바른 인식'은 '논증되는 것과 모순인 것에서 논리근거를 부정하는 인식수단(sādhyaviparyaye bādhakapramāṇa)'이다. 이것에 대해서는 KBhA 56,7ff., 특히 57,18∼20 : tato viparyayabādhakavikalatayā deśabhede bhedasādhano hetur yadi svasādhyasādhanasamarthaḥ kim āyātaṃ tadbalavataḥ kālabhede bhedasādhanasya. na hi vṛṣabhasyādohayogyatve dhenor api tatheti yuktam을 참조.

127 귀류법과 귀류환원법을 통한 찰나멸 논증에 대해서는 원문 2,9∼7,3을 참조. 특정 찰나의 인과효력과 동일한 찰나의 무효력은 서로 직접 반대되기 때문에 모순이다. 또한 특정 찰나의 인과효력과 다른 찰나의 무효력은 시간의 차이에도 불구하고 지속하는 것에 하나가 있는 한 다른 하나는 반드시 없으므로 모순이다.

한 이유로 심지어 다이아몬드도 [반론자의] 주장을 옹호하는 데 쓸모가 없다. [하물며] 어떻게 저 가치 없는 수정이 시간의 차이로 인한 [유법의] 차이 없음을 증명하기 위한 實例일 수 있겠는가?[129]

25,11 이렇게 같은 시간에 속한 과들에 비록 장소의 차이가 있다 하더라도, 유법의 차이는 타당하지 않다. 그 이유는 [유법의] 차이를 입증하는 바른 인식수단이 없기 때문이며, 오류의 의심이 없는 감관지가 [그것의] 차이 없음을 증명하기 때문이다.[130] 따라서 시간의 차이에도 불구하고 효력과 무효력이 모순인 사실을 [반론자는] 자신의 교리만을 내세워 부정할 수 없다. 왜냐하면 상식과 바른 인식에 의해 지지되지 않기 때문이다. 그러므로 모든 경우에 차이를 증명하는 것은 바로 '모순되는 두 속성의 상정'을 밝히는 것이다. 그리고 차이의 개념은 [그것을] 잘못 이해하고 있는 [반론자와는] 반대로 '모순되는 두 속성의 상정'을 통해서 증명된다.

26,1 [반론] : 그럼에도 불구하고, 이 '존재성'은 확실히 부정[인]이다. [추론의 주제에만 있어] 공통되지 않기 때문이거나 [이품에 그것의] 부재가 의심스럽기 때문이다. 즉 '즉각성과 점차성'이 찰나가 아닌 것으로부터 배제될 때 ['존재성'이] 배제되듯이, 주연하는 '의존성과 자립성(sāpekṣatvānapekṣatva)'이나 '단일성과 다수성(ekatvānekatva)'이 찰나인 것으로부터 배제될 때에도 [존재성은] 배제된다.[131]

---

128 원문 18,1~4의 논의를 참조.

129 원문 24,5~6에서 반론자는 모순관계에 있는 작용과 무작용이 단일한 것에 시간의 차이를 가지고 속할 수 있다는 것을 보여주기 위해서 수정의 예를 들었다. 하지만 원문 24,14ff.에서 볼 수 있듯이 시간의 차이가 있다 하더라도 이 두 속성은 단일한 수정에 속할 수 없다. 따라서 반론자의 주장을 입증할 어떠한 실례도 없다.

130 주요인으로서 싹을 생산하는 종자와 공동인으로서 토양 등을 생산하는 종자는 다른 것이 아니다. 종자가 같은 찰나에 싹과 토양 등의 여러 果를 생산한다. 이때 싹과 토양은 모여 있지만 서로 다른 장소를 차지하고 있다. 이것은 주변에서 실제로 관찰된다.

131 바짜스빠띠미스라의 반론이다. 유사한 구절이 그의 NVTṬ 841ff.와 NK 95,12ff.에 있다. 반론의 "즉각성과 점차성이 찰나가 아닌 것으로부터 배제될 때 ['존재성'이] 배제되듯이"의 구절은 바짜스빠띠미스라가 다르못따라의 KBhS 236,28~237,2에서 인용한 것이다(NK 92,26~28). 또한 KBhA 43,11ff.; TS 428~434; TSP 192,13~193,21 참조. TS와 TSP는 요가세나(Yogasena)

26,5 구체적으로 [찰나멸론자들은] 데바닷따의 손가락처럼 '함께 모이게 하는 조건(upasarpaṇapratyaya)'을 갖춘 종자의 찰나가 바로 직전의 [因들의] 집합으로부터 효력을 갖는 것으로 생산될 때, [보조인]에 의존하지 않고 맨 처음의 특수한 속성(atiśaya)을 생산한다고 간주한다.[132] 하지만 이 경우에 동일한 곳간에서 나온 많은 종자의 상속 중에서 왜 오직 특정 종자는 싹을 틔우기에 적합한 종자의 찰나를 점차적으로 생산하고, 다른 상속에 속한 다른 종자의 찰나들은 [생산하지] 않는가? 즉 '함께 모이게 하는 조건'을 [갖추기] 직전에는 이들 종자의 찰나들은 같은 상속에 속하든 다른 상속에 속하든 아무런 점차적인 특수한 속성을 가지고 있지 않다.[133]

26,12 [찰나멸론자들은] 비록 [종자의 찰나들이] 같은 상속에 속한다 하더라도 '함께 모이게 하는 조건'을 [갖추기] 전에는 단지 종자만을 생산하기 때

를 반론자로 언급한다(TSP 192,13 : kṣaṇikeṣv apītyādinā bhadantayogasenamatam āśaṅkate). 반론자는 '존재성'이 부정인, 특히 '논리근거가 추론의 주제에만 있어 공통되지 않는 부정인(asādhāraṇānaikāntika)' 또는 '논리근거가 이품에 부재하는 것이 의심스러운 부정인(sandigdhavyatirekānaikāntika)'이라고 주장한다. 원문 26,5~27,7에서 라뜨나끼르띠는 '의존성과 자립성'에 의거해서 '존재성'이 '추론의 주제에만 있어 공통되지 않는 부정인'이라는 반론자의 논지를 소개한다. 그리고 그는 원문 27,8~28,16에서 '단일성과 다수성'에 의거해서 이것이 '논리근거가 이품에 부재하는 것이 의심스러운 부정인'이라는 반론자의 논지를 보여준다.

132 특수한 속성(atiśaya)은 특수성(viśeṣa)과 동의어이다(HB 17*,2 : viśeṣaparamparā와 HB 15*,19 : viśeṣotpādena 참조). HB II : 48 등에서 스타인켈러(Steinkellner)는 'atiśaya'를 'die zusätzliche Beschaffenheit'로 독역한다. 본역에서는 '특수한 속성' 혹은 '부가적인 속성'으로 번역한다(HB II : 130, n. 41 참조). 특수한 속성은 주요인이 공동인과 함께 할 때 그것의 다음 찰나에 부가되는 것이다. 예를 들면 함께 모이게 하는 조건이 갖추어질 때 본성상 자립적인 종자는 토양, 수분 등과 함께 싹을 생산하기 위해 작용하기 시작한다. 첫 번째 종자의 찰나는 토양, 수분 등과 함께 두 번째 종자의 찰나에 첫 번째 특수한 속성(a_1)을 생산한다. a_1을 가지고 있는 두 번째 종자의 찰나는 토양 등과 함께 세 번째 종자의 찰나에 두 번째 특수한 속성(a_2)을 생산한다. 이런 방법으로 찰나마다 연이어 특수한 속성을 완전히 증장시킨 종자의 찰나는 마지막 찰나에서 첫 번째 싹의 찰나를 생산한다. 또한 Katsura 1983a; Woo 2000a와 2000b 참조.

133 같은 밭에서 자라서 수확된 동일한 종류의 종자들은 같은 본성을 가지고 있다. 하지만 모든 종자가 싹을 틔우는 것은 아니다. 농부가 밭에 심어 토양 등의 보조를 받은 종자는 싹을 틔우지만 그렇지 않고 곳간에 있는 종자는 싹을 틔우지 않는다. 이에 반론자는 종자가 스스로의 본성으로 싹을 틔운다는 후기 유가행파의 입장을 반박한다.

문에 싹을 틔우기에 적합한 종자의 찰나를 점차적으로 생산하지 못하지만, 특정 종자의 찰나가 그 조건을 갖출 경우 맨 처음의 특수한 속성을 생산한다고 [주장한다]. 하지만 그렇다면 ['함께 모이게 하는 조건']이 없을 때 생산된 [종자의 찰나]도 반드시 [맨 처음의 특수한 속성을] 생산해야만 한다. 이렇게 [종자의 찰나들] 단독으로는 [싹을 틔우는 것을] 확정할 수 없기 때문에 오직 토양 등과 서로 의존할 때에만 맨 처음의 특수한 속성을 생산하거나 싹을 틔운다는 것을 [찰나멸론자들은] 원하지 않더라도 인정해야만 한다. 따라서 먼저 자립(anapekṣā)은 찰나인 것에 가능하지 않다.[134]

27,5 또한 동일한 순간에 있는 두 찰나인 것은 좌우의 소뿔같이 '보조하고 보조되는 관계(upakāryopakārakabhāva)'를 가질 수 없기 때문에 의존(apekṣā)도 가능하지 않다. 그러므로 주연하는 것의 첫 번째 부재가 확실히 증명된다.[135]

27,8 나아가 [보조인에] 의존하지 않는 맨 마지막 종자의 찰나가 싹 등을 생산할 때, 만약 싹을 틔우는 동일한 본성에 의해 토양 등을 [생산한다]고 하면, 因이 같기 때문에 토양 등도 그것과 동일한 본성을 갖게 되고 말 것이다. 그러므로 먼저 [찰나인 것에] '단일성'은 가능하지 않다.[136]

---

134 바짜스빠띠는 이 반론을 NVTṬ 841,5ff. 특히 841,19~22에서 상술한다. 종자가 스스로의 본성으로 싹을 틔운다는 것은 그것이 토양, 수분 등의 보조인에 의존하지 않는다는 것을 의미한다. 하지만 토양 등의 도움 없이 종자가 싹을 틔우는 것은 불가능하다. 이에 근거하여 그는 종자가 토양 등에 의존하지 않는다고 말하는 것은 옳지 않다고 주장한다.

135 동일한 찰나에 있는 두 사물은 보조하고 보조받는 관계를 맺을 수 없다. 때문에 종자의 찰나가 토양의 찰나 등과 공존한다 하더라도, 이것들에 의존해서 싹을 틔울 수 없다(NK 97,13~14 : na ca kṣaṇikasyopakārasaṃbhavo 'nyatra jananāt, tasyābhedyatvāt). 이러한 반론자의 시각에서는 찰나인 것은 다른 것에 의존하는 것도 불가능하다. 따라서 주연하는 '의존성과 자립성'이 동품인 찰나인 것에서 배제되기 때문에, 주연되는 '존재성'도 배제된다. 앞서 주연하는 '즉각성과 점차성'이 이품인 찰나가 아닌 것에서 배제되기 때문에, 주연되는 '존재성'도 배제된다는 후기 유가행파의 입장을 보았다. 바짜스빠띠는 '존재성'이 이품과 동품 모두에서 배제되므로 '논리근거가 추론의 주제에만 있어 공통되지 않는 부정인'이라고 주장한다.

136 여기서부터 반론자는 '단일성과 다수성'에 의거해 '존재성'이 '논리근거가 추론의 주제에만 있어 공통되지 않는 부정인'이라고 주장한다. 라뜨나끼르띠는 이 반론을 원문 22,10~14에서 간략히 소개한 바 있다. 또한 NK 96,29ff.; NVTṬ 841,24ff.; KBhA 49,18ff.를 참조.

27,12 [찰나멸론자들은 맨 마지막 종자의 찰나는 토양 등을] 다른 본성에 의해 생산한다고 [주장할 수 있다]. 즉 종자는 싹의 주요인이지만 토양 등의 공동인이다. 만약 이렇게 '주요인인 것(upādānatva)'과 '공동인인 것(sahakāritva)'이 [하나의 종자에 속한다고] 한다면, [이러한 종자의] 본성은 단일한가 아니면 단일하지 않는가? 만약 단일하다면, 어떻게 [종자가] 다른 본성에 의해서 생산자가 될 수 있겠는가? 반면에 만약 단일하지 않다면, 그 둘은 종자와 구분되는가 구분되지 않는가? 만약에 그 둘이 [종자와] 구분된다면, 어떻게 종자가 [싹 등의] 생산자가 될 수 있겠는가? 왜냐하면 싹 등은 바로 그 두 [본성으로부터] 생산될 것이기 때문이다. 하지만 만약 구분되지 않는다면, 왜 종자는 다수인 것이 아닌가? 왜냐하면 [종자가] 다른 [두] 정체성(tādātmya)을 갖게 되거나, [종자의] 정체성이 하나이어서 그 둘이 동일하게 되고 말기 때문이다.[137]

28,3 [찰나멸론자들은] 토양 등이 생산될 때 이것들의 주요인은 종자와는 본성이 다른, 직전 [찰나]의 토양 등이라고 말할 수 있다. 그렇다면, 토양 등이 의존하지 않는 종자는 그것들의 생산자가 될 수 없다. 왜냐하면 이 [종자]가 만약 자립적이라면, 그 [토양 등]은 싹과 구분될 수 없기 때문이다.[138] 그리고 [찰나멸론자] 바로 당신들이 보조하지 않는 것들은 [다른 것에 의해] 의존되지 않는다고 말한다.[139] 더욱이 찰나인 것은 그것의 [본성이] 나누어질 수 없기 때문에 [과의] 생산[작용] 이외의 어떤 보조[작용]도 가능하지 않다. 따라서 '다수성'도 가능하지 않다. 이렇게 주연하는 것의 두 번째 부재도

---

137 반론자는 여기서부터 종자가 싹을 틔우는 본성과는 다른 본성에 의해 토양, 수분 등을 생산할 수 없다고 논쟁한다. 이것은 종자가 싹의 주요인이자 토양 등의 공동인이라는 후기 유가행파의 입장을 반박하기 위한 것이다. 또한 Moriyama 1989 : 391f. 참조.

138 찰나멸론자들은 인이 자립적으로 과들을 생산한다고 주장한다. 예를 들어 종자는 스스로의 본성에 따라 주요인으로서 싹을 생산하며 공동인으로서 토양 등을 생산한다. 반론자는 이 경우 인이 동일하기 때문에 과들도 동일하게 되어 싹과 토양 등이 같게 되고 마는 문제가 생긴다고 반박한다.

139 보조하지 않는 것에 다른 것의 의존이 있을 수 없다는 것에 대해서는 PVSV 53,26; 131,17; 131,21을 참조.

확실히 증명된다. 그러므로 ['존재성'은] 香을 갖는 속성(gandhavattva)[140]같이 '[추론의 주제에만 있어] 공통되지 않는 부정인'이다.[141]

28,10 [찰나멸론자들은] 비록 [찰나인 것들이 因을] 보조하지 않음에도 불구하고, 그것들은 보조인이 되고 또한 의존된다고 생각할 수 있다. 그 이유는 果가 [그 보조인들의] 존재나 부재에 상응하며 상호 협력을 통해서 생산되기 때문이다. 만약 그렇다면, 그 방법대로 비록 찰나가 아닌 것이 점차적인 보조인들에 의해 보조되지 않음에도 불구하고, 그것도 점차적인 과가 [그 보조인들의] 존재나 부재에 상응하므로 그것들에 의존할 것이다. 그리고 점차적인 보조인들의 영향 아래에 있는 것은 점차적으로 과들을 생산할 것이다. 따라서 ['존재성'을] 주연하는 [즉각성과 점차성]의 비인식은 [찰나가 아닌 것에서] 성립되지 않는다. 그러므로 찰나멸을 논증하는 경우에 '존재성'은 '[이품에서 논리근거의] 부재가 의심스러운 부정인'이다.[142]

---

140 바이세시카 학파에서 향은 大地(pṛthivī)의 고유한 특성이다(TBhk 192,8 : pṛthivīmātravṛtti). 때문에 "대지는 상주한다. 향을 갖고 있기 때문에(bhūr nityā, gandhavattvāt)"라는 논증식에서 논리근거인 '향을 갖는 것'은 추론의 주제인 대지에만 있다. 이것은 '논리근거가 추론의 주제에만 있어 공통되지 않는 부정인'의 대표적인 예이다. NV 716,8～11; SV 266,21; NM 26,5～6; TBhk 94,7～9 참조.

141 반론자인 바짜스빠띠는 계속해서 종자가 주요인으로서 싹을 틔울 뿐만 아니라 공동인으로서 토양 등도 생산한다는 찰나멸론의 입장를 반박한다. 그는 이를 위해서 다음의 두 가지 주장에 의존한다. ① 동일한 因으로부터 생산된 果들은 서로 다르지 않다; ② 찰나인 것들은 서로 '보조하고 보조되는 관계'를 가질 수 없다. 첫 번째 주장은 인이 동일하면 과도 동일하다는 그들의 논리에 근거하고 있다(원문 31,11ff. 참조). 두 번째 주장은 찰나인 것은 생산자(janaka)와 보조자(upakāraka)로 나뉠 수 없다는 논리에 바탕을 두고 있다(원문 28,6～7 : na ca kṣaṇasyopakārasaṃbhāvo 'nyatra jananāt, tasyābhedyatvāt). 또한 NVTṬ 842,15～16; NK 97,13～14; KBhA 50,9～10 참조. 이 두 주장에 근거해서 바짜스빠띠는 찰나인 것이 생산하는 본성과 보조하는 본성을 함께 가질 수 없다고 말한다. 즉 그에 따르면 찰나인 것은 다수의 본성을 가질 수 없다.

원문 27,8에서부터 보아왔듯이, '존재성'을 주연하는 '단일성과 다수성'은 동품인 찰나인 것에서 배제된다. 따라서 찰나멸론자들이 말하는 대로 '존재성'이 이품인 찰나가 아닌 것에서도 배제되는 한, 이것은 '논리근거가 추론의 주제에만 있어 공통되지 않는 부정인'이라고 바짜스빠띠는 주장한다.

142 '존재성'을 주연하는 '즉각성과 점차성'이 찰나가 아닌 것에서 배제된다는 것이 후기 유가행파의 입장이다. 라뜨나끼르띠는 KSV에서 '논증되는 것과 모순인 것에서 논리근거

추기 : '의존(apekṣā)'의 의미

29,1 [답론] : 이것에 대해서 우리는 답한다. '의존'의 어떤 의미를 취하고서 [반론자는] 의존성과 자립성 [둘 다]가 찰나인 것에 없다고 하는가? ['의존'] 즉 "[종자 등이] 보조인에 의존한다"는 것의 의미는 ① 보조인이 이 [종자 등]을 보조해야만 한다는 것인가? 혹은 ② 이전의 상태와 동일한 종자 등이 보조인과 함께 협력해서 [과를] 생산한다는 것인가? 아니면 ③ [종자 등이] 이전의 상태와 동일하지 않으면서 [공동인과] 모여 있을 때(militāvastha)[143] [과를] 생산할 뿐이라는 것인가?[144]

29,6 이 가운데 첫 번째 견해는 가능하지 않다. 따라서 찰나인 것은 [보조인에] 결코 의존하지 않는다. 어떻게 [의존성과 자립성] 둘 다가 [찰나인 것]으로부터 배제될 수 있겠는가?[145]

[반론] : 만약 찰나인 것이 [보조인에] 의존하지 않는다면, 왜 이것은 '함께 모이게 하는 조건(upasarpaṇapratyaya)'이 없을 때 [과를] 생산하지 않는가?[146]

를 부정하는 인식수단'을 통해 이 입장을 논증한다. 후기 유가행파의 입장에 대해서는 PV II.268cd : nityasya nirapekṣatvāt kramotpattir viruddhyate 참조. 본문에서 반론자는 후기 유가행파의 입장 중에서 '점차성'이 찰나가 아닌 것에서 배제된다는 견해를 반박한다. 반론자는 찰나인 것이 보조인의 도움을 받아 점차적으로 과를 생산할 수 있듯이, 찰나가 아닌 것도 같은 방법으로 과를 생산할 수 있기 때문에 주연하는 '즉각성과 점차성'이 찰나가 아닌 것에 부재한다고 단언할 수 없다고 주장한다. 반론자에게 있어 '존재성'은 '이품에서 논리근거의 부재가 의심스러운 부정인'이다.

143 '모여 있는 것(militāvastha)'은 인이 홀로 존재하는 것이 아니라 공동인과 함께 있는 것을 말한다(HB 11*,21 : pṛthagbhāvo nāsti). 이 용어는 'upasarpaṇa', 'saṃnidhi', 'pratyāsatti'와 동의어이다.

144 니야야-바이세시카 학파에서 과의 생산은 주요인이 보조인으로부터 점차 도움(saṃbhūya)을 받는 일련의 연속적인 과정이다. NKī 185~187, 특히 186,1~3 : yat tu tadānīṃ parasparaṃ pratyāsīdanti tadupasarpaṇakāraṇasyāvaśyam bhāvaniyamāt na tu saṃbhūyakāryakaraṇāya tatkāle copasarpaṇahetuniyamas teṣāṃ vastusvābhāvyāt 참조. 또한 Miyamoto 1996 참조. 반면에 후기 유가행파의 입장에서 과의 생산은 주요인과 공동인이 모여 있을 때 찰나마다 함께 작용해 가는 과정이다.

145 여기서부터 라뜨나끼르띠는 '의존'의 첫 번째 의미를 비판한다. 또한 KBhA 45,24~49,8을 참조.

[답론] : 그 [찰나인] 것이 있다면 반드시 [과를] 생산한다. 하지만 [그것] 자체가 없을 때 어떻게 [과를] 생산할 수 있겠는가?

29,10 [반론] : 동일한 [본성]이 있는가 혹은 유사한 [본성]이 있는가는 [실제로] 아무런 차이가 없다. 이런 이유로 [찰나인 것이] 비록 유사한 본성을 가지고 있음에도 불구하고 [과를] 생산하지 않는다는 사실은 [그것이] 보조인에 의존하지 않는다는 것을 용인하지 않는다.[147]

[답론] : 이것은 타당하지 않다. 그 이유는 비록 [과를] 생산하지 않는 [종자의 찰나가 과를 생산하는 종자의 찰나와] 유사한 색깔과 형태를 가지고 있다 하더라도, [그것들의] 본성은 같지 않기 때문이다. 더욱이 '맨 처음의 특수한 속성을 생산하는 것(ādyātiśayajanakatva)'으로 특징되는 이 차별된 본성은 같은 상속에 속하거나 다른 상속에 속한 모든 종자의 찰나에 가능한 것이 아니라, 다만 농부의 손가락이 집어낸 특정 [종자의 찰나]에만 [가능하다].[148]

29,16 [반론] : 같은 밭에서 자라고 수확되어 같은 곳간에 저장된 모든 종자는 사실상 공통의 본성을 갖는다고 이해된다. 그런데 왜 어떤 종자는 특수성을 가질 수 있고 다른 [종자]는 가질 수 없는가?[149]

[답론] : 우리는 답한다. 모든 有業論者(āstika)[150]는 모든 果에 있어 因이

---

146 이 반론은 원문 26,5~27,4에서 소개된 바 있다. 특히 KSA 79,21과 NK 96,22 : hanta tarhi tadabhāve saty utpanno 'pi na janayed eva를 참조.

147 반론자는 종자가 찰나마다 다르다는 것에 동의하지 않는다. 그는 종자가 모든 찰나에서 동일한 본성을 가지고 있기 때문에 곳간의 종자이든 밭에 심은 종자이든 똑같은 것일 뿐이라고 주장한다. 반론자의 입장에서는 곳간에 있는 종자가 싹을 생산하지 않는다는 사실은 종자가 스스로의 본성으로 싹을 생산하지 못하는 것을 의미한다.

148 라뜨나끼르띠는 동일성과 유사성을 엄격히 구분한다. 과를 생산하지 않는 종자의 찰나는 과를 생산하는 종자의 찰나와 유사하다. 하지만 이것이 동일한 본성을 가지고 있는 것은 아니다. 어떤 것 X를 생산하는 본성을 갖는 것은 반드시 X를 생산해야 한다. 그리고 X를 생산하지 않는 본성을 갖는 것은 반드시 X를 생산해서는 안 된다(HB 8*,18~19 : tatsvabhāvasya jananād ajanakasya cātatsvabhāvatvāt). 싹을 틔우지 않는 곳간의 종자와 싹을 틔우는 밭의 종자는 종자라는 점에서 유사한 본성을 가지고 있지만, 동일한 본성을 가지고 있는 것은 아니다. 따라서 라뜨나끼르띠는 반론자가 이 둘을 동일시 하는 것을 논박한다.

149 동일한 반론이 원문 26,7~10에 이미 소개되었다. 또한 Mookerjee 1975 : 42를 참조.

150 'āstika'는 業說을 인정하는 사람들을 지칭한다. 인도의 종교전통에서 유물론자(Cārvāka)를

보이는 것(dṛṣṭa)과 보이지 않는 것(adṛṣṭa) 두 종류가 있음을 잘 알고 있다. 이런 이유로 一切智者(sarvavid)가 아닌 [범부]는 시야에 있거나 시야에서 벗어나 있는 공동인의 총체를 지각을 통해 인식할 수 없다. 따라서 바로 어떤 종자의 찰나들은 인들의 집합이 갖는 효력의 차이로 인해 이러한 본성의 차이를 가질 수 있다. 그 [차이]에 의해 오직 이들 종자의 찰나만 맨 처음의 특수한 속성을 생산할 수 있거나 점차적으로 싹을 틔울 수 있지만, 다른 종자의 찰나들은 [그렇지] 않다.[151]

30,7 [반론] : '함께 모이게 하는 조건'이 갖추어질 때, 맨 처음의 특수한 속성을 생산하는 것으로 특징되는 차별성(viśeṣa)은 자신의 因이 갖는 효력의 차이로 인해 가능하다. 이 경우 그것이 반드시 있는 것을 어떻게 알 수 있는가?[152]

[답론] : 싹의 생산에서 추론되며 맨 처음의 특수한 속성으로 특징되는 과로부터 [알 수 있다]고 우리는 말한다.[153]

30,11 [반론] : 그렇다면 인이 인식되지 않기 때문에 반드시 그 [특수한 속성]은 없을 것이다.

제외한 모든 학파는 업설을 인정한다. Garg 1992 : 741～742 참조.

151 因의 종류에 대해서는 KBhA 46,20～24를 참조. 본문에서 라뜨나끼르띠는 뜨릴로짜나를 인용 비판한다(원문 30,2～3 : patyakṣaparokṣasahakāripratyayasākalyam asarvavidā pratyakṣato na śakyaṃ pratipattum). 또한 KBhA 46,25～26 참조. 답론의 마지막 구절은 전체 문맥과 잘 일치하지 않는다. 다음의 즈냐나스리미뜨라의 구절이 문맥에 보다 잘 일치한다. KBhA 47,2～4 : tato bhaved api tādṛśasvabhāvabhedaḥ, keṣāñcid bījānām upalabdhakarmakarapāṇipraṇayānāṃ yaḥ paramparayā prakṛtakāryam arjitum ūrjasvī, yaś ca nānyeṣāṃ tadekakuśūlasthānām api, na cainam anviyāl lokaḥ. 인들의 총체가 과의 생산자라 하더라도, 왜 오직 특정 종자의 찰나만이 특수한 속성을 생산하고 다른 종자의 찰나는 생산하지 못하는가? 라뜨나끼르띠는 이 문제를 반론자는 설명할 수 없다고 지적한다. 범부는 일체지자가 아니어서 인들의 총체를 인식하는 것이 불가능하기 때문이다.

152 반론자는 특수한 속성이 존재한다고 하더라도, 그것은 직접 인식되지 않기 때문에 존재 여부를 파악할 방법이 없다고 주장한다.

153 라뜨나끼르띠와 반론자 모두 인과관계를 과의 측면에서는 '다른 것과의 관계의 배제(anyayogavyavaccheda)'를 통해서 설명한다. 이것은 과가 있을 때에는 반드시 그것의 인이 있는 것을 의미한다. 싹의 존재는 토양 등의 공동인에 의해 종자에 부여된 일련의 특수한 속성이 있음을 증명한다. 이 특수한 속성의 존재로부터 맨 처음의 속성도 추론 가능하다.

[답론] : 아니다. 그 이유는 보이거나 보이지 않는 것들의 총체(samudāya)로서의 인이 인식되지 않는다 하더라도, [그 특수한 속성의] 부재가 성립하지 않으므로 인의 비인식은 '의심스러워서 성립되지 않는 것(sandigdhāsiddha)'이기 때문이다.[154] 이 의미는 다음과 같다.

30,14 [농부의] 손이 집어낸 [종자의] 찰나가 다른 시간에 있는 다른 종자의 찰나와 다르다는 견해와 다르지 않다는 견해 중에서, 바른 인식의 힘을 갖는 것이 승리한다. 그중에서 첫 번째 [견해]를 위한 힘은 근거가 없지만, 두 번째 [견해]를 위한 [힘은] 果라는 證據(aṅga)[155]가 있다. [인들의] 집합(sāmagrī)은 모든 경우에 [전부] 인식되는 것은 아니다. 반면에 과는 [모든 경우에] 바른 인식을 통해 알려지는 것이다.[156]

---

154 '의심스러워서 성립되지 않는 것'은 不成因의 한 종류이다. 대표적인 예는 "만약 이것이 연기라면, 여기에 불이 있다(yady ayaṃ dhūmo 'gnir atra)"이다. 논리근거 자체가 의심스럽기 때문에 논증식의 타당성이 성립될 수 없다. 또한 HTU 32를 참조. 반론자의 주장을 논증식으로 표현하면 다음과 같다.

주연관계 : yad yatkāraṇam anupalabdham tad abhāva eva bhavati.

주제소속성 : viśeṣo 'nupalabdhaḥ.

이 주장에 대해 라뜨나끼르띠는 논증식의 논리근거인 '인이 인식되지 않는 것'이 그릇된 논거(hetvābhāsa)임을 밝히고자 한다. 그는 원문 29,18～30,3에서 범부가 시야에 있거나 시야에 벗어나 있는 모든 인의 총체를 지각하는 것이 불가능하다는 것을 설명하였다. 하지만 모든 인을 전부 지각하는 것이 불가능하다고 해서 과가 생산되지 않는 것은 아니다. 예를 들어 종자, 토양, 수분 등의 인 가운데서 일부가 지각되지 않는다 하더라도, 필요한 조건이 갖추어지면 싹은 튼다. 즉 인의 총체의 비인식이 곧바로 인이 갖는 효력의 부재를 의미하지는 않는다. 따라서 라뜨나끼르띠는 반론자의 논리근거는 '의심스러워서 성립되지 않는 것'이라고 말한다. 또한 KBhA 48,8～17 참조.

155 'aṅga'는 논리근거(hetu)와 동의어이다(PVV IV.92와 PVV 445,11 : aṅgaṃ hetur), 또한 NVTṬ 842,18과 KBhA 48,14 참조. 여기서 'aṅga'는 원문 30,9～10의 논리근거인 'aṅkurotpādadād anumitād ādyātiśayalakṣaṇāt kāryāt'를 지시한다.

156 이 게송의 운율은 샤르둘라비끄리디따(śārdūlavikrīḍita)이다. 라뜨나끼르띠는 이 게송에서 이전의 논쟁을 요약한다. 그의 입장을 논증식으로 표현하면 다음과 같다.

주연관계 : yad yatkāryam sat tad asti.

주제소속성 : viśeṣasya kāryam asti.

과가 있을 때 인은 반드시 있다. 그러므로 이 논증식에서 논리근거인 과의 존재는 그릇된 논거가 아니다.

이와 같이 '의존'은 보조(upakāra)를 의미하지 않는다. 따라서 찰나인 것은 보조인에 결코 의존하지 않는다. [의존성과 자립성] 둘 다가 [찰나인 것으로부터] 배제되지는 않는다.[157]

31,2 [종자 등이 보조인과] 협력해서 [과를] 생산하는 것이 '의존'의 의미라고 하자. 그 경우 '의존'이 "이전의 상태와 동일하다"는 [표현에 의해] 한정된다면, 찰나인 것은 어떤 순간에도 그렇지 않다. 따라서 자립(anapekṣā) 자체에 아무런 문제가 없다.[158]

31,4 "이전의 상태와 동일하다"는 [표현과] 무관하게 단지 [공동인과] 함께 모여 있는 [종자 등이 과를] 생산하는 것이 '의존'의 의미라고 하자. 그 경우 [종자 등은] 바로 의존하는 것이지 자립하는 것이 아니다. 이와 같이 [의존성과 자립성] 둘 모두가 [찰나인 것으로부터] 배제되지는 않는다. 그러므로 주연하는 것의 첫 번째 비인식(anupalabdhi)은 성립되지 않는다.[159]

31,7 마찬가지로 ['존재성'을] 주연하는 '단일성과 다수성'도 찰나인 것으로부터 배제되는 것은 확정되지 않는다. [주요인과 공동인] 각각의 배제[범위]가 다름에 의거해서 '주요인인 것(upādānatva)' 등으로 분별된 본성의 구분이 가능하더라도, [찰나인 것은] 실제로는 바로 단일한 본성에 의해 다수의 과를 생산하기에 [단일성과 다수성] 둘 다가 [그것으로부터] 배제되지는 않기 때문이다.[160]

---

157 원문 29,1에서부터 보아왔듯이, '의존'이 첫 번째 견해인 보조(upakāra)를 의미하지 않을 때, 자립성은 찰나인 것으로부터 배제되지 않는다. 따라서 '존재성'이 '논리근거가 추론의 주제에만 있어 공통되지 않는 부정인'이라는 반론자의 주장은 오류이다.

158 라뜨나끼르띠는 여기서 '의존'의 의미에 대한 두 번째 견해를 살핀다. 찰나멸의 입장에서 동일한 찰나에 있는 것들은 어떠한 관계도 서로 맺을 수 없다. 따라서 주요인은 공동인으로부터 어떠한 보조도 받을 수 없다. 주요인은 인들의 집합 속에서 개별적으로 과를 생산한다. 두 번째 견해가 '의존'의 의미일 때 자립성은 찰나인 것으로부터 배제되지 않는다.

159 라뜨나끼르띠는 여기서 '의존'의 의미에 대한 세 번째 견해를 고찰한다. 이것이 후기 유가행파의 입장이다. 주요인은 실제로 공동인과 함께 모일 때 스스로의 본성만으로 과를 생산한다. 세 번째의 '의존'의 의미를 따르면, 찰나인 것으로부터 의존성은 배제되지 않는다. 따라서 그는 '의존성과 자립성' 둘 다가 찰나인 것으로부터 배제된다고 주장하는 반론자의 견해는 타당하지 않다고 논박한다.

31,11 더욱이 "만약 종자가 바로 단일한 본성에 의해 [싹, 토양 등]을 생산한다면, 토양 등에서 싹의 본성은 배제되지 않을 것이다.[161] 왜냐하면 그렇지 않을 경우 인에 차이가 없음에도 불구하고 과에 차이가 있을 때, 과에 인이 없게 된다는 바라지 않는 결과가 생기기 때문이다[162]"라고 [반론자가] 말한 것은 옳지 않다. 그 이유는 '인이 단일한 것(kāraṇaikatva)'과 '과가 구분된 것(kāryabheda)'이 명료한 감관지를 통해 잘 알려져서 '하나의 인으로부터 생긴 것(ekakāraṇajanyatva)'과 '[과가] 하나인 것(ekatva)' 사이의 주연관계가 부정되어 [반론자가 말한] 바라지 않는 결과는 생기지 않기 때문이다.

31,16 그리고 [반론자가] "만약 인에 차이가 없다면 과에 차이가 없다"고 말할 때,[163] 그 경우에 [인들의] 집합 그 자체가 인으로 의도된다. 이것은 [인들의] 집합이 同種일 때 과는 異種이 아니라는 것을 의미한다.[164]

32,1 더욱이 [인들의] 집합 가운데 있는 하나의 [인]으로부터 다수의 과가 생산될 수 없는 것은 결코 아니다. 다수의 [과]가 하나의 [인]으로부터 생산되는 것이 지각을 통해서 증명되기 때문이다.[165] 그리고 시간의 차이에도

---

160 원문 27,8~28,9에서 반론자는 '단일성과 다수성'에 의거해 '존재성'이 '추론의 주제에만 있어 공통되지 않는 부정인'이라고 주장했다. 여기서부터 라뜨나끼르띠는 이러한 반론자의 주장을 비판한다. '주요인인 것'과 '공동인인 것'은 단일한 종자에 속한 다른 속성일 뿐이다. 따라서 유법의 단일성은 찰나인 것으로부터 배제되지 않는다.

161 이 반론은 원문 27,7~10에 있다.

162 NK 96,31~97,1; NVTṬ 841,25; KBhA 49,20~21 : na khalu kāraṇābhede bhedavatkāryaṃ bhavitum arhati, kāryabhedasyākasmikatvaprasaṅgāt 참조.

163 이 구절은 원문 31,12~13의 반론 가운데 "anyathā kāraṇābhede 'pi kāryabhede kāryasyāhetukatvaprasaṅgād"와 연관된다.

164 여기서 라뜨나끼르띠는 반론자가 그릇되게 이해하는 因의 개념을 고쳐 밝힌다. 원문 16,1~7에서 이미 소개한 대로 반론자의 입장에서 인은 과의 생산에 필요한 모든 인들의 집합을 지시한다. 하지만 인의 집합은 모든 인들이 모여 총체를 만들고 이것이 주요인을 도와 과를 생산하는 것을 의미하는 것이 아니다. 이것은 단지 같은 종류의 인들의 집합이 다른 종류의 과를 생산하지 않는다는 것을 의미할 뿐이다(KBhA 37,9~10 : ekasvabhāvāt tu kāraṇān na kāryabheda iti samānasāmagryā na kāryavaijātyam ity arthaḥ). 예를 들어 볍씨가 주요인인 인들의 집합은 벼의 싹을 생산하지만 보리의 싹을 생산하지는 않는다.

165 효력을 갖는 인이 다수의 과를 생산하는 것은 지각을 통해서 관찰된다. 예를 들어 종자는 토양, 수분 등과 함께 할 때, 싹과 토양 등을 생산한다. 종자는 주요인으로서 싹을 생산

불구하고 동일성이 재인식(pratyabhijāna)을 통해 증명된다는 [반론자의] 주장은 전혀 타당하지 않다.[166]

32,4 또한 [서로] 다른 장소에 있으면서 공간을 점유(sapratigha)[167]하는 지각되는 두 대상을 감관지가 단순히 하나로 파악하는 일은 어떠한 경우에도 관찰되지 않는다. 그렇지 않으면 바로 그 [두 대상]에 대해서도 다른가 하는 의심이 있게 될 것이다. 그 이유는 명료한 지각조차도 부정된다면, 모든 바른 인식수단이 붕괴되는 바라지 않는 결과가 생기기 때문이다.[168]

32,8 더욱이 우리는 다른 개체인 토양 등이 종자와 [동일한] 본성을 갖는 것을 인정하지 않기 때문에, '존재성'은 '[이품에 논리근거의] 부재가 의심스러운 [부정]인'이 아니다. 보조하지 않는 것에 의존하는 것이 부정되므로 [이품에서] 주연하는 것의 비인식은 반드시 성립되기 때문이다.[169]

32,11 따라서 바로 이 두 주연하는 것들의 비인식이 [찰나인 것에서] 성립되지 않을 때, '존재성'은 찰나인 것으로부터 배제되지 않는다. 그러므로 이 ['존재성']은 '[논리근거가 추론의 주제에만 있어] 공통되지 않는 [부정]인'이 아니다.[170]

하며 공동인으로서 토양 등을 생산한다. 이 경우 종자는 그 자체로 단일한 것이지, 싹을 생산하는 종자와 토양 등을 생산하는 종자로 나누어져 있는 것은 아니다.

166 사물의 자기동일성이 재인식을 통해서 확립될 수 없다는 라뜨나끼르띠의 입장에 대해서는 원문 18,1~4를 참조.

167 공간점유성(sapratighatva)은 아비다르마 교학에서 말하는 色(rūpa)의 일반적인 특징이다. 이것은 특정한 색이 점유한 공간을 동일한 시간에 다른 색이 점유할 수 없다는 것으로 정의된다. Stcherbatsky 1970 : 9, n. 26 참조.

168 원문 31,7부터 라뜨나끼르띠는 찰나인 것으로부터 '단일성과 다수성'이 배제되기 때문에 '존재성'도 배제된다고 주장하는 반론자를 비판해 왔다. 지금까지 살펴보았듯이 반론자의 주장과는 달리 '단일성'은 찰나인 것으로부터 배제되지 않는다. 따라서 '존재성'은 '논리근거가 추론의 주제에만 있어 공통되지 않는 부정인'이 아니다.

169 이 구절은 원문 28,10~16의 반론에 대한 비판이다.

170 라뜨나끼르띠는 여기서 원문 29,1부터 시작한 그의 논의를 마무리한다. 찰나인 것에 '의존성과 자립성' 둘 다가 배제되는 것은 아니다. 또한 '단일성과 다수성' 둘 다가 배제되는 것도 아니다. 그러므로 '존재성'은 '논리근거가 추론의 주제에만 있어 공통되지 않는 부정인'이 아니다.

32,13 부가하여 [추론의 주제에만] 있는 속성은 논증되는 것과 다른 것(=논증되지 않는 것)에 긍정수반과 부정수반이 확정되지 않아서 '향을 갖는 속성' 등과 같이 공통되지 않는 것이 옳다. 하지만 이미 논의되었던 [세 종류의] 주연하는 것들이 인식되지 않는다고 한다면, 인과효력 그 자체는 어떤 경우에도 없게 되고 만다. 그 이유는 논주와 논적 양쪽이 [논리근거인 '존재성'을 찰나가 아닌 것과 찰나인 것] 둘 [다]로부터 배제해서 [그것의] 의지처(āśraya)가 없어지기 때문이다. 그러면 ['존재성'이] 어떻게 '[논리근거가 추론의 주제에만 있어] 공통되지 않는 부정인'이라 할 수 있겠는가? 따라서 [반론자의] 무의미한 이야기를 [논하는 것은] 이것으로 충분하다.[171]

33,1 따라서 효력을 갖는 것은 [과를 생산하는 것을] 지연시킬 수 없기 때문에 '생산'은 '[생산]할 수 있다고 말해지는 대상인 것'을 주연한다. 이렇게 [논증하는] 귀류법과 귀류환원법이 있을 때, 논리근거인 '존재성'은 또한 부정[인]이 아니다.[172]

33,4 그러므로 찰나멸의 논증은 성립된다.

171 여기서 라뜨나끼르띠는 바짜스빠띠를 다른 시각에서 비판한다. 본문에서 '논증되는 것과 다른 것'은 찰나인 것과 찰나가 아닌 것을 지시한다. 이 둘은 각각 동품과 이품이다. 이 세상의 모든 것은 찰나이거나 찰나가 아니거나 둘 중의 하나이다. 반론자의 주장대로 '존재성'이 동품인 찰나인 것과 이품인 찰나가 아닌 것 둘 모두로부터 배제되는 한, 그것 자체가 결코 성립되지 않는다. 따라서 '존재성'은 추론의 주제에도 있을 수 없다. 이 경우 '존재성'은 不成因이지 '추론의 주제에만 있어 공통되지 않는 부정인'이 아니다. KBhA 54,16 : asiddhidūṣaṇaṃ tu vaktum ucitam 참조. 그러므로 원문 26,1~28,16의 반론은 반론자의 그릇된 이해에서 비롯된 것이다.

172 원문 7,2~8,9에서 라뜨나끼르띠는 귀류법과 귀류환원법을 통해서 '존재성'이 부정인이 아님을 논증했다. 본문의 논의와 관련된 것은 특히 원문 8,6~8,9를 참조. 이 구절은 26,1부터 논의되어 온 '존재성'이 부정인이 아니라는 논증의 결론이다.

나가는 말

33,5 이로써 동품에서의 '긍정수반 형식의 주연관계(anvayarūpavyāpti)'를 통한 찰나멸 논증을 마친다.

33,7 이것은 위대한 논사 라뜨나끼르띠의 저작이다.[173]

173 이 구절은 필사자가 덧붙인 것이다.

개요

0 서언 1,1~3

0.1 歸敬 1,1

0.2 논서의 저술목적 1,2~3

1 논증식 1,4~5

周延關係 : 존재인 것은 무엇이나 찰나적이다, 항아리같이.

主題所屬性 : 논의의 대상이 되고 있는 이 사물들은 존재이다.

2 그릇된 근거의 종류 : 不成因, 相違因, 不定因 1,6~8

3 첫 번째 논증 1,9~8,9

3.1 '존재성'은 불성인이 아니다. 1,9~2,2

追記 a '존재성' 1,10~2,1

a.1 인도 각 학파의 정의 1,10~16

a.2 후기 유가행파의 정의 1,17~2,1

(3.1) 결론 : '존재성'은 성립된다. 2,1~2

3.2 '존재성'은 상위인이 아니다. 2,3~7,1

3.2.1 同品인 항아리가 있기 때문이다. 2,3

3.2.2 반론 : 항아리의 찰나멸은 증명되지 않는다. 2,4~8

3.2.2.1 지각을 통해 증명되지 않는다. 2,5~6

3.2.2.2 '존재성으로부터 추론'을 통해 증명되지 않는다. 2,6~7

3.2.2.3 별도의 다른 추론이 없다. 2,7

3.2.3 답론 : 귀류법과 귀류환원법이 있다. 2,9~6,17

추기 b 귀류법과 귀류환원법 2,11~5,13

b.1 귀류법 2,11~4,22

b.1.1 귀류법의 논증식 3,13~17

주연관계 : 특정한 때에 어떤 것(A)을 생산한다고 말하기에 적합한 것은 무엇이나 그때에 그 [A]를 반드시 생산해야 한다. 마지막 [찰나에 있는] 因들의 집합이 그 자신들의 果를 생산하듯이.

주제소속성 : 그런데 이 항아리는, 현재의 찰나에 속한 과를 생산하는 때와 어떠한 작용도 하지 않는 때에, 과거나 미래의 찰나에 속한 과를 생산한다고 말하기에 적합하다.

b.1.1.1 논리근거인 '생산한다고 말하기에 적합한 것'은 성립된다. 3,18~4,1

b.1.1.2 이 논리근거는 모순되지 않는다. 4,2~3

b.1.1.3 이 논리근거는 확정된다. 4,4~22

b.1.1.3.1 샹까라 : 이 논리근거는 '동품과 이품에 공통으로 있는 부정인'이다. 4,4~6

b.1.1.3.2 답론 : 이 논리근거는 이 둘 다에 있는 부정인이 아니다. 4,7~11

b_a 실질적인 능력과 부차적인 능력 4,7

b.1.1.3.2.1 실질적인 의미에서 이 논리근거는 이품에 없다. 4,8~11

b.1.1.3.3 이 논리근거는 '이품에 그것의 부재가 의심스러운 부정인'이 아니다. 4,12~22

b_b '생산한다고 말하기에 적합한 것' ⊂ '한정된 대상인 것' ⊂ '생산' 4,14~22

b.2 귀류환원법 4,23~5,13

b.2.1 논증식 5,3~6

주연관계 : 특정한 때에 어떤 것(A)을 생산하지 않는 것은 무엇이나 그때에 [A를 생산할] 수 있다고 말하기에 적합하지 않다. 마치 벼싹

을 틔우지 않는 꼬드라와가 벼싹에 대해 그렇듯이.

주제소속성 : 그런데 이 항아리는, 현재의 찰나에 속한 과를 생산하는 때와 어떠한 작용도 하지 않는 때에, 과거나 미래의 찰나에 속한 과를 생산하지 않는다.

b.2.1.1 논리근거인 '생산하지 않는 것'은 성립된다. 5,8~9

b.2.1.2 이 논리근거는 모순되지 않는다. 5,10

b.2.1.3 이 논리근거는 확정된다. 5,11~13

b. '생산한다'의 의미 = '因인 것' 5,14~6,4

3.2.3.1 귀류법과 귀류환원법은 동품인 항아리에서 찰나멸을 논증한다. 6,5~9

3.2.3.2 반론 : '존재성으로부터 추론'은 필요 없다. 6,10

3.2.3.3 답론 : 귀류법과 귀류환원법은 특정 존재의 찰나멸을 논증하며 '존재성으로부터 추론'은 모든 존재의 찰나멸을 논증한다. 6,10~17

(3.2) 결론 : '존재성'은 모순되지 않는다. 6,18~7,1

3.3 '존재성'은 부정인이 아니다. 7,2~8,9

3.3.1 '모든 것을 포괄하는 주연관계'가 오직 동품에서만 입증된다. 7,2~3

3.3.2 반론 : '논증되는 것과 모순인 것에서 논리근거를 부정하는 바른 인식'의 적용 없이는 '모든 것을 포괄하는 주연관계'는 성립되지 않는다. 7,4~5

3.3.3 답론 : 귀류법과 귀류환원법을 통해 주연관계는 성립된다. 7,5~9

3.3.4 반론 : '존재성'이 찰나가 아닌 것에 없는 것을 알 수 있는 방법이 없다. 7,10~11

3.3.5 답론 : '존재성'과 '찰나성'의 주연관계를 통해서 알 수 있다. 7,11

3.3.6 반론 : 부정수반이 의심스럽기 때문에 주연관계는 성립되지 않는다. 7,12

3.3.7 답론 : 귀류법과 귀류환원법을 통해서 긍정수반이 입증된다. 7,12~8,9

추기 c 주연관계의 논증 7,12~8,5
c.1 긍정수반 형식의 주연관계 = 부정수반 형식의 주연관계 7,13~17
c.2 귀류법과 귀류환원법을 통한 긍정수반 형식의 주연관계 = '논증되는 것과 모순인 것에서 논리근거를 부정하는 바른 인식'을 통한 부정수반 형식의 주연관계 7,18~8,5

(3.3) 결론 : '존재성'은 확정된다. 8,8~9
(3) 결론 : 첫 번째 논증을 마친다. 8,6~9

4 두 번째 논증 8,10~33,4
4.1 반론 : '존재성'은 불성인이다. 8,10~10,9
4.1.1 바사르바즈냐 : 찰나멸론의 입장에서 인과관계는 결정되지 않는다. 8,10~9,8
4.1.1.1 긍정수반은 결정되지 않는다. 8,10~15
4.1.1.1.1 因과 果는 다른 찰나에 속한다. 8,10~13
4.1.1.1.2 인과 과를 연관시키는 주체가 없다. 8,14~15
4.1.1.2 부정수반은 결정되지 않는다. 8,16~17
4.1.1.3 分別은 인과관계를 결정하는 것이 아니다. 9,1~6

추기 d 분별의 정의 9,2~3

4.1.1.3.1 분별은 '이미 파악된 것들을 연관시키는 것'이 아니다. 9,3~5
4.1.1.3.2 분별은 '그것이 아닌 것(~A)의 相을 [그것 A에] 가탁하는 것'이 아니다. 9,5~6
(4.1.1) 반론자의 결론 : 긍정수반과 부정수반이 결정되지 않아서 '존재성'은 성립되지 않는다. 9,7~8
4.1.2 자얀따 : 인과관계는 과를 통해 결정되지 않는다. 9,9~10,9

4.1.2.1 '실재인 것'을 통해 '과인 것'은 증명되지 않는다. 9,9~16
4.1.2.2 찰나멸론자 : '과인 것'과 '존재성'은 배제의 범주가 서로 다르다. 9,17~10,1

추기 e '과인 것'의 정의 10,2~4

4.1.2.3 반론 : '존재성'이 증명되지 않을 때 '과인 것'은 증명되지 않는다. 10,1~5
4.1.2.4 찰나멸론자 : '다른 것의 작용에 의지하는 것'이 '과인 것'이다. 10,6
4.1.2.5 반론 : '존재성'에 대한 의구심→과의 불성립→인과효력의 불성립 10,6~9
(4.1.2) 반론자의 결론 : '존재성'은 '그 자체가 의심스러운 불성인'이다. 10,8~9
4.2 반론 : '존재성'은 상위인이다. 10,10~18
4.2.1 찰나멸론의 입장에서 과의 생산은 불가능하다. 10,10~13
4.2.2 추론의 분별은 찰나멸과 모순된다. 10,13~15
4.2.3 모든 논리근거가 찰나멸과 모순된다. 10,16~18
4.3 반론 : '존재성'은 부정인이다. 11,1
4.3.1 '존재성'과 지속성은 모순이 아니다. 11,1
4.4 [4.1]에 대한 답론 : '존재성'은 불성인이 아니다. 11,2~12,16
4.4.1 [4.1.1]에 대한 답론 : 찰나멸론의 입장에서 인과관계는 결정된다. 11,2~12,6
4.4.1.1 [4.1.1]에 대한 분석 : ① 인과효력이 모든 것에서 인식되지 않는 경우 ② 인과효력이 찰나인 것에서 인식되지 않는 경우 11,2~10
4.4.1.1.1 ①의 경우 세상의 모든 작용이 정지되고 만다. 11,4~9
4.4.1.1.2 ②의 경우 인과효력은 찰나인 것에서 인식된다. 11,10
4.4.1.2 찰나인 것에서 가능하지 않고 찰나가 아닌 것에서 가능한 논리근거는 불성인이 아니라 상위인이다. 11,10~12

4.4.1.3 찰나인 것에서 긍정수반과 부정수반은 결정된다. 11,13~12,6

추기 f 분별은 '이미 파악된 것들을 연관시키는 것'이다. 12,2~3

4.4.2 [4.1.2]에 대한 답론 : 지각을 통해 확인되는 과의 존재는 인의 효력을 알려준다. 12,7~16

(4.4) 결론 : '존재성'은 성립된다. 12,15~16

4.5 [4.2]에 대한 답론 : '존재성'은 상위인이 아니다. 12,17~15,12

4.5.1 [4.2.1]에 대한 답론 : 찰나멸과 '因인 것'은 모순이 아니다. 12,17~19

4.5.2 [4.2.2]에 대한 답론 : 인과효력은 실재를 간접대상으로 취하는 추론을 통해 찰나인 것에서 알려진다. 13,1~16

4.5.2.1 바짜스빠띠 : 추론의 직접대상과 간접대상 둘 다 실재가 아니다. 13,4~5

4.5.2.2 답론 : 추론의 간접대상은 自相이다. 13,6~16

추기 g 상정과 간접대상 13,6~9

4.5.3 [4.2.3]에 대한 답론 : 지각은 '존재성'과 찰나성 사이의 주연관계를 파악한다. 13,17~15,11

추기 h 주연관계의 결정 13,20~15,10

h.1 직접대상과 간접대상 13,20~14,19

h.2 유사성 15,1~10

(4.5.3) 결론 : 찰나멸과 모순되지 않는 논리근거가 있다. 15,10~11

(4.5) 결론 : '존재성'은 '찰나성'과 모순되지 않는다. 15,12

4.6 [4.3]에 대한 답론 : '존재성'은 부정인이 아니다. 15,13~33,3

4.6.1 긍정수반 형식의 주연관계가 귀류법과 귀류환원법을 통해 항아리

에서 증명된다. 15,13~22,7

4.6.1.1 상까라 : [4.6.1]은 옳지 않다. 15,16~16,7

4.6.1.1.1 인은 보조인에 의존하여 과를 생산한다. 15,18~20

4.6.1.1.2 효력을 갖는 인이 반드시 과를 생산하는 것은 아니다. 16,1~5

추기 i 효력의 정의 16,3~4

(4.6.1.1) 반론자의 결론 : 귀류법의 논리근거는 '이품에 그것의 부재가 의심스러운 부정인'이다. 16,6~7

4.6.1.2 [4.6.1.1]에 대한 답론 : 인은 스스로의 본성에 의해 과를 생산한다. 16,8~22,3

4.6.1.2.1 인과관계에 대한 논쟁 16,8~18,10

4.6.1.2.1.1 반론 : 인은 그것이 지속하는 마지막 찰나에 과를 생산한다. 16,9~10

4.6.1.2.1.2 답론 : 상주하는 것은 존속하는 동안 같은 본성을 갖는다. 16,10~17

4.6.1.2.1.3 바짜스빠띠미스라 : 모든 인들의 총체가 과를 생산한다. 16,18~17,5

4.6.1.2.1.3.1 인은 보조인과 함께 할 때 과를 생산한다. 16,18~17,2

4.6.1.2.1.3.2 인과관계는 과의 측면에서는 '다른 것과의 관계의 배제'이지만 인의 측면에서는 '무관계의 배제'이다. 17,2~5

4.6.1.2.1.4 답론 : 모든 인들의 총체가 아니라 효력을 갖는 인이 과를 생산한다. 17,6~18,10

4.6.1.2.1.4.1 찰나가 아닌 것은 모든 찰나에서 과를 생산하든지, 어떤 찰나에서도 과를 생산하지 않는다. 17,6~17

4.6.1.2.1.4.2 찰나가 아닌 것의 자기동일성은 재인식을 통해 증명되지 않는다. 18,1~4

4.6.1.2.1.4.3 인과 과의 측면 모두 '다른 것과의 관계의 배제'이다. 18,5~10

4.6.1.2.2 본성의 동일성에 대한 논쟁 18,11~19,2

4.6.1.2.2.1 반론 : 찰나가 아닌 것은 그것이 지속하는 동안 동일한 본성을 가지고 있지 않다. 18,11~14

4.6.1.2.2.2 답론 : 그것의 본성은 동일하다. 18,15~19,2

4.6.1.2.3 인의 자립성에 대한 논쟁 19,3~20,16

4.6.1.2.3.1 뜨릴로짜나 : 인은 스스로의 본성에 의해 과를 생산하지 않는다. 19,3~7

4.6.1.2.3.1.1 인이 아니라 과가 보조인에 의존한다. 19,3

추기 j 본유적 효력과 부가적 효력 19,4~5

4.6.1.2.3.1.2 보조인이 인에 부가적인 효력을 부여한다. 19,5~7

4.6.1.2.3.2 답론 : 인은 스스로의 본성에 의해 과를 생산한다. 19,8~20,16

4.6.1.2.3.2.1 [4.6.1.2.3.1.2]에 대한 답론 : 자상이 인과효력을 갖는다. 19,8~11

4.6.1.2.3.2.2 [4.6.1.2.3.1.1]에 대한 답론 : 아직 존재하지 않은 과가 보조인에 의존하는 것은 타당하지 않다. 19,12~17

4.6.1.2.3.2.3 반론 : 과는 인에 의존하지 않는다. 20,1~2

4.6.1.2.3.2.4 답론 : 인에 의존하지 않는 과는 그 인의 과가 아니다. 20,2~5

4.6.1.2.3.2.5 반론 : '과인 것'은 긍정수반이 아니라 부정수반에 의해 입증된다. 20,6~7

4.6.1.2.3.2.6 답론 : 긍정수반이 입증되지 않으면 부정수반도 입증되지 않는다. 20,8~16

4.6.1.2.4 본성에 대한 논쟁 20,17~21,13

4.6.1.2.4.1 바사르바즈냐 : 인은 오직 후 찰나에 후 찰나의 과를 생산하는 본성을 갖는다. 20,17~21,4

4.6.1.2.4.2 답론 : 지속하는 것은 후 찰나의 과를 생산하는 본성을 모든 찰나에 가지고 있다. 21,5~7

4.6.1.2.4.3 바사르바즈냐 : 후 찰나의 과는 실제 후 찰나에 생산된다. 21,8

4.6.1.2.4.4 답론 : 반론자의 입장은 찰나멸로 귀결된다. 21,8~9

4.6.1.2.4.5 바사르바즈냐 : 오직 후 찰나에 후 찰나의 과를 생산하는 것이 인의 본성이다. 21,9~10

4.6.1.2.4.6 답론 : 본성의 타당성은 바른 인식에 의해 확립되어야 한다. 21,10~13

(4.6.1.2) 결론 : 주연관계가 귀류법과 귀류환원법을 통해 논증된다. 21,14~22,3

(4.6.1) 결론 : 인은 찰나마다 다르다. 22,4~7

추기 k 모순되는 두 속성의 상정 22,8~25,17

k.1 바사르바즈냐 : 모순되는 두 속성의 상정을 통한 인의 차이는 없다. 22,8~23,5

k.1.1 모순되는 두 속성은 단일한 것에 상정될 수 있다. 22,10~23,1

k.1.1.1 씨앗의 예 22,10~14

k.1.1.2 등잔불의 예 22,14

k.1.1.3 色의 예 22,15~16

(k.1.1) 반론자의 결론 : 단일한 씨앗 등은 나누어지지 않는다. 22,16~23,1

k.1.2 모순되는 두 속성은 서로 다른 대상에 상정될 수 있다. 23,1~3

(k.1) 반론자의 결론 : 모순되는 두 속성의 상정은 차이가 아니다. 23,4~5

k.2 답론 : 모순되는 두 속성의 상정은 차이이다. 23,6~24,1

k.2.1 [k.1.1]에 대한 답론 : 특정 속성은 그것 자신의 부재와 모순이다. 23,6~12

k.2.2 [k.1.2]에 대한 답론 : 특정 과를 생산하는 속성은 그것을 생산하지 않는 속성과 모순이다. 23,13~16

k.2.3 차이에 대립의 한정이 있는 것이 모순이다. 23,16~24,1

k.3 바사르바즈냐 : 장소의 차이로 인해 모순이 없듯이 시간의 차이로 인해서도 모순은 없다. 24,2~6

k.3.1 수정의 예 24,5~6

k.4 답론 : 시간의 차이로 인한 모순은 있다. 24,7 ~ 25,15
k.4.1 장소의 차이로 인한 모순은 없다. 24,7 ~ 10
k.4.2 바사르바즈냐 : 시간의 차이로 인한 모순은 없다. 24,11 ~ 13
k.4.3 답론 : 찰나가 아닌 것에는 시간의 차이로 인한 모순이 있다. 24,14 ~ 25,7

추기 k' '상호 배제가 있는 것으로 특징되는 모순'의 종류 24,14 ~ 17

k.4.3.1 시간의 차이가 있는 경우, '바른 인식이 부정하는 것을 특징으로 하는 모순'이 있다. 24,17 ~ 25,7
k.4.4 재인식을 통해서 인의 자기동일성은 증명되지 않는다. 25,8
k.4.5 [k.3.1]에 대한 답론 : 다이아몬드도 k.3의 예가 될 수 없다. 25,9 ~ 10
(k.4) 결론 : 시간의 차이로 인한 모순은 있다. 25,11 ~ 15
(k) 결론 : 모순되는 두 속성의 상정은 차이이다. 25,15 ~ 17

4.6.2 바짜스빠띠미스라 : '존재성'은 '추론의 주제에만 있어 공통되지 않는 부정인'이거나 '이품에 그것의 부재가 의심스러운 부정인'이다. 26,1 ~ 28,16
4.6.2.1 '존재성'은 '추론의 주제에만 있어 공통되지 않는 부정인'이다. 26,5 ~ 28,9
4.6.2.1.1 '존재성'을 주연하는 '의존성과 자립성'은 찰나인 것에 가능하지 않다. 26,5 ~ 27,7
4.6.2.1.1.1 자립성은 가능하지 않다. 26,5 ~ 27,4
4.6.2.1.1.2 의존성은 가능하지 않다. 27,5 ~ 7
4.6.2.1.2 '존재성'을 주연하는 '단일성과 다수성'은 찰나인 것에 가능하지 않다. 27,8 ~ 28,8
4.6.2.1.2.1 단일성은 가능하지 않다. 27,8 ~ 11
4.6.2.1.2.2 다수성은 가능하지 않다. 27,12 ~ 28,8

4.6.2.2 '존재성'은 '이품에 그것의 부재가 의심스러운 부정인'이다. 28,10~16

4.6.3 [**4.6.2**]에 대한 답론 : '존재성'은 부정인이 아니다. 29,1~32,12

4.6.3.1 '의존성과 자립성'의 비인식은 찰나인 것에서 확정되지 않는다. 29,1~31,6

추기 1 '의존'의 의미 - ① 보조인의 도움, ② 찰나가 아닌 것과 보조인의 상호도움, ③ 찰나인 것과 다른 필요한 인들의 협력 29,1~5

4.6.3.1.1 '의존'은 '보조인의 도움'이 아니다. 29,6~31,1

4.6.3.1.1.1 바짜스빠띠미스라 : 의존하지 않는 인에 '함께 모이게 하는 조건'은 필요 없다. 29,7~8

4.6.3.1.1.2 답론 : '함께 모이게 하는 조건'이 없을 때 효력을 갖는 인은 없다. 29,8~9

4.6.3.1.1.3 반론 : 씨앗의 찰나에 동일한 본성이 있는가 유사한 본성이 있는가는 차이가 없다. 29,10~12

4.6.3.1.1.4 답론 : 인과효력은 모든 씨앗의 찰나에 있는 것이 아니다. 29,12~15

4.6.3.1.1.5 반론 : 인과효력은 같은 환경에 있는 모든 씨앗에 있다. 29,16~18

4.6.3.1.1.6 답론 : 과를 생산하는 씨앗의 찰나는 과를 생산하지 않는 씨앗의 찰나와 본성이 다르다. 29,18~30,6

4.6.3.1.1.7 반론 : 맨 처음의 특수한 속성을 생산하는 본성이 특정 씨앗의 찰나에 있는 것을 알 수 있는 방법이 없다. 30,7~9

4.6.3.1.1.8 답론 : 추론을 통해 알 수 있다. 30,9~10

4.6.3.1.1.9 반론 : 맨 처음 특수한 속성은 인식되지 않는다. 30,11

4.6.3.1.2.0 답론 : 인의 비인식이 과의 부재를 의미하지는 않는다. 30,11~18

(4.6.3.1.1) 결론 : ①의 경우 자립성은 찰나인 것으로부터 배제되지 않는다. 30,18~31,1

4.6.3.1.2 ②의 경우 자립성은 찰나인 것으로부터 배제되지 않는다. 31,2~3

4.6.3.1.3 ③의 경우 의존성은 찰나인 것으로부터 배제되지 않는다. 31,4~5

(4.6.3.1) 결론 : '의존성과 자립성'의 비인식은 찰나인 것에서 성립되지 않는다. 31,6

4.6.3.2 '단일성과 다수성'의 비인식은 찰나인 것에서 성립되지 않는다. 31,7~32,7

4.6.3.2.1 찰나인 것은 단일한 본성에 의해 많은 과를 생산한다. 31,7~10

4.6.3.2.2 '과가 하나인 것'은 '하나의 인으로부터 생산된 것'을 주연하지 않는다. 31,11~15

4.6.3.2.3 인들의 총체가 같은 종류이면, 과도 같은 종류이다. 31,16~18

4.6.3.2.4 하나의 인으로부터 많은 과가 생산되는 것이 지각을 통해 관찰된다. 32,1~3

4.6.3.2.5 지각은 다수의 과를 단일한 것으로 인식하지 않는다. 32,4~7

4.6.3.3 [4.6.2.2]에 대한 답론 : '존재성'은 '이품에 그것의 부재가 의심스러운 부정인'이 아니다. 32,8~10

(4.6.3) 결론 : '존재성'은 '추론의 주제에만 있어 공통되지 않는 부정인'이 아니다. 32,11~12

4.6.4 인과효력이 성립되지 않는다면 '존재성'은 不成因이지 不定因이 아니다. 32,13~17

(4.6) 결론 : '존재성'은 확정된다. 33,1~3

(4) 결론 : 두 번째 논증을 마친다. 33,4

5 나가는 말 33,5~6

원전자료

Abhidharmakośabhāṣya of Vasubandhu, ed. P. Phadhan, Patna : K. P. Jayaswal Research Institute, 1975.

Apohaprakaraṇa of Jñānaśrīmitra, see Thakur 1987.

Apohasiddhi of Ratnakīrti, see Thakur 1975.

Ātmatattvaviveka of Udayana with the commentaries of Śaṅkara Miśra, Thakkura, and Ragunatha Tārkikaśiromaṇī, ed. M. D. Dvivedin and L. S. Dravida, Calcutta : The Asiatic Society, 1986.

Antarvyāptisamartha of Ratnākaraśānti, See Shāstrī 1910.

Ṛjuvimalā of Śālikanātha, see B.

Bṛhatī of Prabhākara with *Ṛjuvimalā* of Śālikanātha, ed. A. C. Śāstrī, Benares : Vidya Vilas Press, 1929.

Brahmasiddhi of Maṇḍanamiśra, ed. S. K. Sastri, Delhi : Sri Satguru Publications, 2nd ed.1984.

Citrādvaitaprakāśavāda of Ratnakīrti, see Thakur 1975.

Dharmottarapradīpa of Paṇḍita Durveka Miśra with Dharmakīrti's *Nyāyabindu* and Dharmottara's *Ṭīkā*, ed. D. Malvania, Patna : K. P. Jayaswal Research Institute, 1971.

Hetubindu of Dharmakīrti, Part I, ed. E. Steinkellner, Wien : Österreichische Akademie der Wissenschaften, 1967.

Hetubindu of Dharmakīrti, Part II, tr. E. Steinkellner.

Hetutattvopadeśa of Jitāri, see Tucci 1956.

Kiraṇāvalī of Udayana, Vārāṇasyām : Sampūrṇānanda Saṃskṛta Viśvavidyālayaḥ, 1980.

Kṣaṇajabhaṅga of Jitāri, partly ed. G. Bühnemann, *Jitāri : Kleine Texte* : 11~12, Wien : Arbeitskreis für tibetische und buddhistische Studien, 1982.

Kṣaṇabhaṅgādhyāya of Jñānaśrīmitra, see Thakur 1987.

Kṣaṇabhaṅgasiddhi-Anvayātmikā of Ratnakīrti, see Thakur 1975.

Kṣaṇabhaṅgasiddhi-Vyatirekātmikā of Ratnakīrti, see Thakur 1975.

Kṣaṇabhaṅgasiddhi of Dharmottara, ed. and tr. E. Frauwallner, WZKM 42 : 217~258, 1935; *Kleine Schriften* : 530~571, Wiesbaden : Franz Steiner, 1982.

Laghuprāmāṇyaparīkṣā of Dharmottara, Part I, ed. H. Krasser, *Dharmottaras kruze Untersuchung der Gültigkeit einer Erkenntnis Laghuprāmāṇyaparīkṣā*, Wien : Österreichische Akademie der Wissenschaften, 1991.

Laghuprāmāṇyaparīkṣā of Dharmottara, Part II, tr. H. Krasser.

Mūlamadhyamakakārikā of Nāgārjuna with the *Prasannapadā* of Candrakīrti, ed. L. de la Vallée

Poussin, Osnabrück : Biblio Verlag, repr. 1970.

Nyāyabindu of Dharmakīrti, see DhPr.

Nyāyabinduṭīkā of Dharmottara, see DhPr.

Nyāyabhūṣaṇa of Bhāsarvajña, ed. S. Yogīndrānandaḥ, Vārāṇasī : Saḍdarśana, Prakāśana Pratiṣṭhānam, 1968.

Nyāyadarśanam with Vātsyāyana's *Bhāṣya*, Uddyotakara's *Vārttika*, Vācaspatimiśra's *Tātparyaṭīkā*, and Viśvanātha's *Vṛtti*, ed. T. Nyaya-Tarkatirtha and A. Tarkatirka, New Delhi : Munshiram Manoharlal Publishers Private Limited, 2nd ed., 1985.

Nyāyakaṇikā of Vācaspatimiśra, see VV.

Nyāyakandalī of Śrīdhara, ed. J. S. Jetly and G. Parikh, Vadodara : Oriental Institute, 1991.

Nyāyakośa of M. Bh. Jhalakīkar, Poona : The Bhandarkar Oriental Research Institute, 1978.

Nyāyamañjarī of Jayanta Bhaṭṭa, ed. V. K. S. Varadacharya, Mysore : Oriental Research Institute, 1969.

Nyāyapraveśaka of Śaṅkarasvāmin, see Tachikawa 1971.

Nyāyavārttika of Uddyotakara, see ND.

Nyāyavārttikatātparyaṭīkā of Vācaspatimiśra, see NV.

Nyāyavārttikatātparyapariśuddhi of Udayanācārya, ed. A. Thakur, New Delhi : Indian Council of Philosophical Research, 1996.

Praśastapādabhāṣya of Praśastapāda with *Vyomavatī* of Vyomaśiva, ed. M. G. Kavirāj and Dh. Shāstri, Varanasi : Chaukhamba Amarabharati Prakashan, 1983.

Prakaraṇapañcikā of Śālikanātha Miśra with the *Nyāyasiddhi* of Jaipuri Nārāyaṇa Bhatta, ed. A. S. Sastri, Banaras : Banaras Hindu University, 1961.

Pravacanasāra of Kundakunda, ed. A. N. Upadhye, Agas : Shrimad Rajchandra Ashram, 1964.

Pramāṇavārttika of Dharmakīrti with *Pramāṇavārttikavṛtti* of Manorathanandin, ed. R. Ch. Pandeya, Delhi : Motilal Banarsidass, 1989.

Pramāṇavārttikabhāṣya of Prajñākaragupta, ed. R. Sāṅkṛtyāyana, Patna : K. P. Jayaswal Research Institute, 1953.

Pramāṇavārttikasvavṛtti of Dharmakīrti, ed. R. Gnoli, Roma : Instituto Italiano per il Medio ed Estremo Oriente, 1960.

Pramāṇavārttikasvavṛttiṭīkā of Karṇakagomin, *Karṇakagomin's Commentary on the Pramāṇa-vārttikavṛtti of Dharmakīrti*, ed. R. Sāṅkṛtyāyana, Kyoto : Rinsen Book Co., repr. 1982.

Pramāṇavārttikavṛtti of Manorathanandin, See PV.

Pramāṇaviniścaya of Dharmakīrti, Chapter I, ed. and tr. T. Vetter, Wien : Österreichische Akademie der Wissenschaften, 1966; Chapter II, ed. and tr. E. Steinkellner, Österreichische Akademie

der Wissenschaften, 1973.
Pramāṇaviniścayaṭīkā(*Tshad ma rnam par nges pa'i 'grel bshad*) of Dharmottara, D4229; P5727.
Sanmatitarkaprakaraṇa of Siddhasena Divākara, ed. and tr. S. Saṅghavi and B. Doshi, Bombay : Shri Jain Shwetambar Education Board, 1939.
Sarvadarśanasaṅgraha of Mādhava, ed. V. S. Abhyankar, Poona : Bhandarkar Oriental Research Institute, repr. 1978.
Sthirasiddhidūṣaṇa of Ratnakīrti, see Thakur 1975.
Ślokavārttika of Kumārila Bhaṭṭa with Commentary *Nyāyaratnākara* of Pārthasārathi Miśra, ed. S. D. Śāstrī, Varanasi : Tara Publications, 1978.
Tattvārthasūtra of Umāsvāti with the combined commentaries of Umāsvāti, Pūjyapāda, and Siddhasenagaṇi, *That Which Is*, ed. and tr. N. Tatia, San Francisco : Harper Collins Publishers, 1994.
Tarkabhāṣā of Mokṣākaragupta, ed. H. R. R. Iyengar, *Tarkabhāṣā and Vādasthāna*, Mysore : The Coronation Press, 1944.
Tarkabhāṣā of Keśavamiśra, ed. V. Siddhāntashiromani, Varanasi : The Chowkhamba Sanskrit Series Office, 1971.
Tattvasaṅgraha of Śāntarakṣita with Kamalaśīla's *Pañjikā*, ed. D. Shastri, Varanasi : Bauddha Bharati, 1968.
Tattvasaṅgrahapañjikā of Kamalaśīla, see TS.
Vidhiviveka of Maṇḍanamiśra with Vācaspatimiśra's *Nyāyakaṇikā*, ed. M. L. Goswami, Varanasi : Tara Publications, 1978.
Vidhiviveka of Maṇḍanamiśra with Vācaspatimiśra's *Nyāyakaṇikā* and supercommentaries *Juṣadhvaṅkaraṇī* and *Svaditaṅkaraṇī* of Parameśvara, ed. E. Stern, Ph. D. Dissertation, University of Pennsylvania, 1988.
Vyāpticarcā of Jñānaśrīmitra, see Thakur 1987.
Vyāptinirṇaya of Ratnakīrti, See Thakur 1975.
Vyomavatī of Vyomaśiva, ed. G. Sastri, Varanasi : Sampurnan and Sanskrit Vishvavidyalaya Press, 1983~1984.

이차자료

Bandyopadhyay, N., "The Concept of Contradiction in Indian Logic and Epistemology", JIP 16 : 225~246, 1988.
Bhartiya, M. C., *Causation in Indian Philosophy*, Ghaziabad : Vimal Prakashan, 1973.

Bühnemann, G., *Review of Ācāryaratnakīrtiviracitam Udayananirākaraṇam*, WZKS 38 : 228～230, 1984.

Cardona, G., "*Anvaya* and *vyatireka* in Indian Grammar", ALB 31～32 : 313～352, 1967～1968.

________, "On Reasoning from *anvaya* and *vyatireka* in Early Advaita", *Studies in Indian Philosophy : A Memorial Volume in honor of Pandit Sukhlalji Sanghvi* : 79～104, Ahmedabad : L. D. Institute of Indology, 1981.

________, "A Path still Taken : Some Early Indian Arguments Concerning Time", JAOS 111.3 : 445～464, 1991.

Chattopadhyaya, A., *Atīśa and Tibet*, Calcutta : Indian Studies : Past and Present, 1967.

Dasgupta S., *History of Indian Philosophy*, Cambridge : Cambridge University Press, 1969.

Dreyfus, G., *Recognizing Reality*, Albany : State University of New York Press, 1997.

Dunne, J., *Foundations of Dharmakīrti's Philosophy*, New York : Wisdom Publications, 2004.

Franco, E., "Jñānaśrīmitra's Enquiry about *vyāpti*", JIP 30 : 191～211, 2002.

Frauwallner, E., "Jñānaśrī", WZKM 38 : 229～234, 1932.

__________, "Landmarks in the History of Indian Logic", WZKSO 5 : 125～148, 1961.

Frazier, J., "Reason and Rationality in Hindu Studies", *Journal of Hindu Studies* 4 : 1～11, 2011.

Funayama, T., "*Bhāva* and *svabhāva* in Dharmakīrti", IBK 36-2 : 970(16)～967(19), 1988.

__________, "Dharmakīrti no honsitsu-ron *bhāva* to *svabhāva*", NBu 63 : 1～43, 1989.

Garg, G. R., *Encyclopedia of Hindu World* Vol. III, New Delhi : Concept Pub. Co., 1992.

Gillion, B. S., "Dharmakīrti on the Role of Causation in Inference as Presented in *Pramāṇavārttika Svopajñavṛtti* 11～38", JIP 36 : 335～404, 2008.

Gokhale, P. P., *Inference and Fallacies in Ancient Indian Logic*, Delhi : Sri Satguru Publications, 1992.

Gupta, R., "The Buddhist Doctrine of Momentariness and its Presupposition Dharmakīrti's Argument in *Hetubindu*", JIP 8 : 47～48, 1980.

________, *Essays on Dependent Origination and Momentariness*, Calcutta : Sanskrit Pustak Bhandar, 1990.

Halbfass, W., *On Being and What There Is*, Albany : State University of New York Press, 1992.

_________, "*Arthakriyā* und *kṣaṇikatva* : Einige Beobachtungen", *Bauddhavidyāsudhākaraḥ-Studies in honor of Heinz Bechert on the Occasion of his 65th Birthday* : 233～247, Swisttal-Odendorf : Indica et Tibetica Verlag, 1997.

Hayes, R. P. and Gillon, B. S., "The Role of the Particle *eva* in (logical) Quantification in Sanskrit", WZKS 24 : 195～203, 1982.

Iwata, T., *Prasaṅga und prasaṅgaviparyaya bei Dharmakīrti und seinen Kommentatoren*, Wien :

Arbeitskreis für tibetische und buddhistische Studien, Universität Wien, 1993.

_______, "*Pramāṇaviniścaya* no chushaku ni okeru *prasaṅgaviparyaya* no kaishaku", *Indoshisō to Bukkyō Bunka : Essays in honour of Prof. Junkichi Imanishi on his 60th Birthday* : 556(393) ~532(417), Tokyo : Shujū-sha, 1996.

Kajiyama, Y., "Ratnakīrti no kibyū-ronshō to nai-henjūron no seisei", *Tsukamoto-hakushi-shōju-kinen Bukkyōshigaku-ronsū* : 256 ~272, 1961.

_______, "Three Types of Affirmation and Two Types of Negation in Buddhist Philosophy", WZKS 17 : 161 ~175, 1973.

_______, *Bukkyo ni okeru sonzai to chishiki*, Tokyo : Kinokuniya Shoten, 1983.

Kaneko, S, "*Arthakriyāsamartha* no kaisyaku o megutte", *Sōtōsyū-Kenkyūin-Kenkyū Kiyō* 28 : 4 7 ~73, 1997.

Kano, K., "On the Background of PV II 12ab : the Origin of Dharmakīrti's Idea of *arthakriyā*", *Studies in the Buddhist Epistemological Tradition* : 119 ~128, Wien : Österreichische Akademie der Wissenschaften, 1991.

_______, "*Dharmavyāpti* and *dharmivyāpti*", *Acta Humanistica et Scientifica Universitatis Sangio Kyotiensis* Vol. XXIV 1 : 317 ~333, 1994.

_______, "*Pariśeṣa, prasaṅga, kevalavyatirekin :* the Logical Structure of the Proof of *ātman*", JIP 29 : 405 ~422, 2001.

Katsura, Sh., "Dharmakīrti no inga-ron", NBu 50 : 96 ~114, 1983.

_______, "Jñānaśrīmitra on *apoha*", see Matilal 1986 : 171 ~183, 1986a.

_______, "On the Origin and Development of the Concept of *vyāpti* in Indian Logic", *Tetsugaku* : JHPS Vol. XXXVIII : 1 ~16, 1986b.

_______, ed. *Dharmakīrti's Thought and Its Impact on Indian and Tibetan Philosophy*, Wien : Österreichische Akademie der Wissenschaften, 1999.

Kellner, B., "Types of Incompatibility(*'gal ba*) and Types of Non-Cognition(*ma/mi dmings*) in Early Tibetan *tshad ma* Literature", *Tibetan Studies* : 495 ~510, ed. E. Steinkellner, Wien : Österreichische Akademie der Wissenschaften, 1997.

Krasser, H. · Lasic, H. · Franco, E. · Kellner, B., *Religion and Logic in Buddhist Philosophical Analysis*, Wien : Österreichische Akademie der Wissenschaften, 2011.

Kyuma, T., "*Bedha* and *virodha*", DTIITP : 225 ~232, 1999.

_______, *Sein und Wirklichkeit in der Augenblicklichkeitslehre Jñānaśrīmitras - Kṣaṇabhaṅgādhyāya I : Pakṣadharmatādhikāra*, Wien : Arbeitskreis für tibetische und buddhistische Studien, Universität Wien, 2005.

_______, "Marginalia on the Subject of *sattvānumāna*", *Pramāṇakīrtiḥ : Papers Dedicated to Ernst*

Steinkeller on the Occasion of his 70th Birthday : 469～496, Wien : Arbeitskreis für tibetische und buddhistische Studien, Universität Wien, 2007.

Lasic, H., *Jñānaśrīmitras Vyāpticarcā*, Wien : Arbeitskreis für tibetische und buddhistische Studien, Universität Wien, 2000a.

________, *Ratnakīrtis Vyāptinirṇaya*, Wien : Arbeitskreis für tibetische und buddhistische Studien, Universität Wien, 2000b.

Laine, J., "Udayana's Refutation of the Buddhist Thesis of Momentariness in the *Ātmatattvaviveka*", JIP 26-1 : 51～97, 1998.

Matilal, B. K., "Causality in the Nyāya-Vaiśeṣika School", *Philosophy East and West* 25-1 : 41～48, 1975.

__________, "Ontological Problems in Nyāya, Buddhism and Jainism : A Comparative Analysis", JIP 5 : 91～105, 1977.

__________, *Buddhist Logic and Epistemology*, Dordrecht : D. Reidel Publishing Company, 1986.

__________, "Is *prasaṅga* a Form of Deconstruction?", JIP 20 : 345～362, 1992.

McDermott, A. C. S., *An Eleventh-Century Buddhist Logic of 'Exists'*, Dordrecht : D. Reidel Publishing Company, 1970.

Mikogami, E., "Some Remarks on the Concept of *arthakriyā*", JIP 7 : 79～94, 1979.

Mimaki, K., *La refutation bouddhique de la permanence des choses(Sthirasiddhidūṣaṇa) et la preuve de la momentanéité des choses(Kṣaṇabhaṅgasiddhi)*, Paris : Institut de Civilization Indienne, 1976.

_________, "Setsunametsu-ronsho", *Koza-Daijobukkyō* : 218～254, Tokyo : Shunjusha, 1984.

Miyamoto, K., "The Early Vaiśeṣikas on *asamavāyikāraṇa* and the Term *'apekṣ'*", *Indoshisōto-Bukkyō Bunka : Essays in honour of Prof. Junkichi Imanishi on his 60th Birthday* : 918(31)～903(46), Tokyo : Shunjusha, 1996.

Mohanty, J. N., "Understanding Some Ontological Differences in Indian Philosophy", JIP 8 : 201～217, 1980.

Mookerjee, S., *The Buddhist Philosophy of Universal Flux*, Delhi : Motilal Banarsidass, 1975.

Moriyama, S., "Kōki-chūganha no Dharmakīrti hihan", IBK 37-1 : 388～393, 1989.

Much, M. T., *A Visit to Rāhula Sāṅkṛtyāyana's Collection of Negatives at the Bihar Research Society : Texts from the Buddhist Epistemological School*, Wien : Österreichische Akademie der Wissenschaften, 1988.

Nagasaki, H., "Jaina ninshikiron ni okeru *arthakriyā*", *Bukkyō to Isyūgyō* : 127～271, Kyoto : Heirakuji Shoten, 1985.

Nagatomi, M., "*Arthakriyā*", ALB 31～32 : 52～72, 1967～1968.

Nandita, B., "The Concept of Contradiction in Indian Logic and Epistemology", JIP 16 : 225～246, 1988.

Nozawa, M., "Vaiśeṣika gakuha ni okeru kekka(*kārya*) no teigi", *Hokkaido Journal of Indological and Buddhist Studies* 8 : 1～23, 1993.

Oetke, C., *Bemerkungen zur buddhistischen Doktrin der Momentanheit des Seienden : Dharmakīrti's Sattvānumāna*, Wien : Arbeitskreis für tibetische und buddhistische Studien, Universität Wien, 1993.

Okada, K., "*Tattvasaṃgraha*, Śabdārthaparīkṣa sho ni okeru *avasāya*, *adhyavasāya* no shohon ni tsuite", IBK 53 : 174～176, 2005.

Pande, G. C., "Causality in Buddhist Philosophy", *A Companion to World Philosophies* : 370～380, ed. E. Deutsch and R. Bontekoe, Malden, Mass. : Blackwell, 1997.

Pandeya, R., *Major hetvābhāsas : A Formal Analysis*, Delhi : Eastern Book Linkers, 1984.

Patil, P., "On What it is that Buddhists Think About : *apoha* in the *Ratnakīrtinibandhāvalī*", JIP 31 : 229～256, 2003.

Potter, K., "*Astitva, jñeyatva, abhidheyatva*", WZKSO 12～13 : 275～280, 1968～1969.

Rospatt, A., *The Buddhist Doctrine of Momentariness*, Stuttgart : Franz Steiner, 1995.

Ruegg, D. S., "On Ratnakīrti", JIP 1 : 300～309, 1970.

Shastri, Dh. N., *The Philosophy of Nyāya-Vaiśeṣika and its Conflict with the Buddhist Dignāga School, repr. of Critique of Indian Realism*, Delhi : Bharatiya Vidya Prakashan, 1976.

Shāstrī, H., *Six Buddhist Nyāya Tracts*, Calcutta : The Asiatic Society, 1910.

Shaw, J. L., "Causality : Sāṅkhya, Bauddha and Nyāya", JIP 30 : 213～270, 2002.

Shiga, K., "Remarks on the Origin of All : Inclusive Pervasion", JIP 39 : 521～534, 2011.

Staal, F., "Negation and the Law of Contradiction in Indian Thought : A Comparative Study", *Bulletin of the School of Oriental and African Studies* (repr. in F. Staal, *Universals*, 1988) : 109～128, 1962.

Stcherbatsky, Th., *Buddhist Logic*, Vol. I and II, New York : Dover Publications, 1962.

______________, *The Central Conception of Buddhism*, Delhi : Indological Book House, 1970.

Steinkellner, E., "Die Entwicklung des *kṣaṇikatvānumānam* bei Dharmakīrti", WZKS 12 : 361～377, 1968.

____________, "Wirklichkeit und Begriff bei Dharmakīrti", WZKS 15 : 179～210, 1971.

____________, "Remarks on *viparyaye bādhakapramāṇam* : Dharmakīrt's Development of a Theorem", A Handout for the First International Dharmakīrti Conference in Kyoto, 1982.

____________, "An Explanation of Dharmakīrti's *svabhāvahetu* Definitions", *Festschrift, Dieter Schlingloff zur Vollendung des 65. Lebensjahres* : 257～268, ed. F. Wilhelm, Reinbek :

Orientalitische Fachpublikationen, 1996.
Tachikawa, M., "A Sixth-Century Manual of Indian Logic (A Translation of the *Nyāyapraveśaka*)", JIP 1 : 111~145, 1971.
Tani, T., "Jñānaśrīmitra's Proof of Momentary Existence by Perception", *Bulletin of Kochi National College of Technology* 40 : 75~92, 1996.
_______, "Problems of Interpretation on Dharmottara's *Kṣaṇabhaṅgasiddhi* (1), (2), and (3)", *Bulletin of Kochi National College of Technology* 41 : 19~77, 1997.
_______, "Iwata, Takasaki, *prasaṅga* und *prasaṅgaviparyaya* bei Dharmakīrti und seinen Kommentatoren" IIJ 44 : 361~364, 2001.
Thakur, A., "Nyāyamañjarī of guru Trilocana : a Forgotten Work", JBRS 41 : 507~551, 1955.
_________, *Ratnakīrtinibandhāvaliḥ*, Patna : K. P. Jayaswal Research Institute, 2nd ed., 1975.
_________, *Jñānaśrīmitranibandhāvaliḥ*, Patna : K. P. Jayaswal Research Institute, 2nd ed., 1987.
Tillemans, T., "*Pramāṇavārttika* IV", WZKS 30 : 143~162, 1986.
Tosaki, H., *Bukkyō ninshikiron no kenkyū*, Tokyo : Daitō Shuppansha, 1979.
Tucci, G., *Minor Buddhist Texts*, Roma : Istituto italiano per il Medio ed Estremo Oriente, 1956.
Vattanky, J., "Semantic Competency (*yogyatā*)", JIP 23 : 151~178, 1995.
Vetter, T., *Erkenntnisprobleme bei Dharmakīrti*, Wien : Österreichische Akademie der Wissenschaften, 1964.
Woo, J., *Kṣaṇabhaṅgasiddhi-Anvayātmikā : an Eleventh Century Buddhist Work on Existence and Causal Theory*, University of Pennsylvania (Ph. D. Dissertation), 1999.
_______, "Oneness and Manyness : Vācaspatimiśra and Ratnakīrti on an Aspect of Causality", JIP 28 : 225~231, 2000a.
_______, "Vācaspatimiśra and Ratnakīrti on *sahakāritva*", WZKS 44 : 211~219, 2000b.
_______, "Incompatibility and the Proof of the Buddhist Theory of Momentariness", JIP 29 : 423~434, 2001.
_______, 「『찰나멸논증』의 인용출처를 통해 본 라뜨나끼르띠의 후기 유가행파에서의 위치」, 『불교학연구』 13 : 211~223, 2006.
Yoshimizu, Ch., "*Upādāyaprajñapti* ni tsuite", *Naritasan Bukkyō-kenkyūshō Kiyō* 20 : 95~155, 1997.
___________, "The Development of *sattvānumāna* from the Refutation of a Permanent Existent in the Sautrāntika Tradition", WZKS 43 : 231~254, 1999.
__________, "Causal Efficacy and Spatio-temoral Restriction : an Analytical Study of the Sautrāntika Philosophy", *Pramāṇakīrtiḥ : Papers Dedicated to Ernst Steinkeller on the Occasion of his 70th Birthday* : 1049~1079, Wien : Arbeitskreis für tibetische und buddhistische Studien, 2007.

ㄱ

간접대상(adhyavaseya) 60~62, 102
개체(vyakti) 62, 78, 93
공동인(sahakārin) 41, 52, 68, 69, 76~78, 82, 83, 85~87, 89, 91~93
공상(sāmānyalakṣaṇa) 60, 62
귀류법(prasaṅga) 9, 39, 40, 42~45, 47, 48, 50, 65, 66, 75, 76, 81, 94, 97~100, 103, 105
귀류환원법(prasaṅgaviparyaya) 9, 39, 40, 45~48, 50, 65, 76, 81, 94, 97~100, 103, 105
그릇된 논거(hetvābhasā) 10, 90
긍정수반(anvaya) 7, 9, 35, 39, 44, 49, 50, 52, 57, 58, 73, 94, 95, 99, 100, 102~104

ㄴ

논리근거(hetu) 7, 9, 10, 35, 36, 38, 39, 42, 43, 45~52, 55, 57, 65, 81, 86, 90, 94, 98, 99, 101, 102
논리근거가 의심스러워서 성립되지 않는 것(sandigdhāsiddhatva) 90
논리근거가 이품에 부재하는 것이 의심스러운 것(sandigdhavyatirekānaikāntikatva) 10, 36, 43, 66, 82, 83, 86, 87, 90, 93, 98, 103, 106~108
논리근거가 추론의 주제에만 있어 공통되지 않는 것(asādhāraṇānaikāntikatva) 10, 36, 77, 82~84, 86, 91~94, 106, 108
논증되는 것(sādhya) 35, 42~44, 46~48, 50, 61, 62, 81, 86, 94, 99, 100
논증식(prayoga) 9, 35, 36, 41, 42, 45, 50, 51, 53, 86, 90, 97, 98
논증하는 것(sādhana) 42, 43, 46, 50, 61, 62, 65
능력(sāmarthya) 40~43, 47, 52, 61, 64, 71, 98

ㄷ

다른 것과의 관계의 배제(anyayogavyavaccheda) 68, 70, 89, 103
동품(sapakṣa) 35, 38, 39, 41, 43, 44, 46, 48, 50, 57, 65, 84, 86, 94, 95, 97~99

ㅁ

모든 것을 포괄하는 주연관계(sarvopasaṃhāravatī vyāpti) 46, 48, 99
모순되는 두 속성의 상정(viruddhadharmādhyāsa) 48, 76~78, 80, 82, 105, 106
모순인 것에서 논리근거를 부정하는 인식수단(viparyaye bādhakapramāṇa) 9, 43, 44, 48, 81, 86, 99, 100
무관계의 배제(ayogavyavaccheda) 46, 68, 70, 103

ㅂ

바른 인식(pramāṇa) 8, 37~39, 59, 74, 81, 82, 90, 93, 99, 100, 105, 106
법(dharma) 54, 66
보조인(sahakārin) 41, 65~69, 71, 72, 76, 83, 84, 86~88, 91, 103, 104, 107
보편(sāmānya) 37, 53, 62~64

부정수반(vyatireka) 7, 9, 35, 43~45, 49, 50, 52, 57, 58, 73, 94, 99, 100, 102, 104
부정인(anaikāntikahetu) 10, 36, 43, 46, 56, 65, 77, 83, 84, 86, 87, 91~94, 97~99, 101~103, 106~108
분별(vikalpa) 52, 55, 58, 60~63, 70, 91, 100~102
불성인(asiddhahetu) 10, 36, 38, 42, 46, 51, 55, 57, 90, 94, 97, 100, 101, 108

ㅅ

상속(santāna) 44, 62, 83, 88
상위인(viruddhahetu) 10, 36, 39, 43, 46, 57, 59, 60, 97, 101, 102
상정(adhyavasāya) 46, 60, 61, 67, 71, 75, 77~79, 102, 105
상호배제가 있는 것으로 특징되는 모순(parasparaparihārasthitilakṣano virodha) 81, 106
습기(vāsanā) 52
실례(dṛṣṭānta) 39, 47, 65, 76, 82
실재-일반(vastumātra, tanmātra) 62
실질적인 행위(pravṛtti) 56, 60, 61
실행(karaṇa) 40, 42

ㅇ

유법(dharmin) 42, 48~50, 59, 66, 75, 78, 81, 82, 92
유사성(pratyāsatti) 64, 65, 88, 102
의존(apekṣā) 39, 53, 54, 65, 66, 69, 71, 72, 76, 82~88, 91, 93, 103, 104, 106~108
이품(vipakṣa) 39, 43, 44, 49, 50, 56, 57, 78, 84, 86, 93, 94, 98
인과관계(kāryakāraṇabhāva) 47, 51, 58, 59, 61, 67, 68, 70, 89, 100, 101, 103
인과효력(arthakriyā) 37, 38, 40, 49, 52, 53, 55~59, 61, 71, 72, 74, 76, 80, 81, 94, 101, 102, 104, 107, 108
인들의 집합(sāmagrī) 42~44, 61, 64, 69, 70, 89, 91, 92, 98
인들의 총체(sākalya) 46, 89, 103, 108
일체지자(sarvajña, sarvavid) 89

ㅈ

자립(anapekṣā) 72, 73, 82~85, 87, 91, 93, 104, 106~108
자상(svalakṣaṇa) 60~62, 72, 102, 104
재인식(pratyabhijñāna, pratyabhijñā) 69, 70, 81, 93, 103, 106
존재성(sattva) 7, 8, 10, 35~39, 46~53, 55, 56, 58~60, 62, 65, 71, 77, 81~84, 86, 87, 91~94, 97, 99~102, 106~108
존재성으로부터의 추론(sattvānumāna) 8, 36, 39, 47, 48, 97, 99
종(jāti) 45, 62, 65
주연관계(vyāpti) 8, 35, 39, 41~46, 48~50, 61~63, 65, 68, 70, 90, 92, 95, 97~100, 102, 103, 105
주연하는 것의 비인식(vyāpakānupalabdhi) 45, 47, 93
주요과(upādeya) 57, 58
주요인(upādāna) 41, 52, 58, 65, 69, 70, 76~78, 82, 83, 85~87, 91~93
주제소속성(pakṣadharmatā) 35, 42, 45, 90, 97~99
지각(pratyakṣa) 38, 39, 51, 59, 61~64, 79,

81, 89, 90, 92, 93, 97, 102, 108
지속성(sthairya) 56, 65, 69, 101
직접대상(grāhya) 60, 62, 63, 102

ㅊ

찰나성(kṣaṇikatva) 35, 36, 39, 46, 48, 49, 55, 60~62, 65, 99, 102
추론의 주제(pakṣa) 10, 36, 38, 39, 45, 47, 77, 82~84, 86, 91~94, 106, 108

ㅌ

타자의 배제(anyāpoha, anyavyāvṛtti) 60
특수(viśeṣa) 37, 48, 62~65, 69, 83, 88
특수한 속성(atiśaya) 52, 83, 84, 88~90, 107

ㅎ

함께 모이게 하는 조건(upasarpaṇapratyaya) 83, 84, 87, 89, 107
행상(ākāra) 60, 61